AF199059

Andrea Schmitz

Aus heiterem Himmel traf uns der Schlag

Unser Leben nach dem Schlaganfall

Andrea Schmitz

Aus heiterem Himmel traf uns der Schlag

Unser Leben nach dem Schlaganfall

Impressum

Bibliografische Information der Deutschen
Nationalbibliothek:
Die Deutsche Nationalbibliothek verzeichnet diese
Publikation in der Deutschen Nationalbibliografie;
detaillierte bibliografische Daten sind im Internet über
http://dnb.dnb.de abrufbar.

© 2020 Andrea Schmitz

Herstellung und Verlag: BoD – Books on Demand,
Norderstedt

ISBN: 978-3-7519-1373-7

Danksagung

Unser allerherzlichster Dank richtet sich an folgende Personen, ohne deren Hilfe ich es nie geschafft hätte, Ingos Betrieb weiterzuführen. Diese sind

- Herr Pentsch, der sofort eingesprungen ist und den kompletten Kundenservice (Abholung, Lieferung, Beratung, telefonische Präsenz und vieles mehr) übernommen hat.

- Herr Riese, für den es selbstverständlich war, alles nur erdenklich Mögliche zu tun, um Ingos Firma zu erhalten und

- Frau Riese, die ihre Freizeit geopfert hat, um unseren Kundenstamm in ihr Computersystem einzupflegen und die 1,5 Jahre für uns die Kundenrechnungen geschrieben hat.

Außerdem möchte ich mich bei meinen Eltern dafür bedanken, dass sie immer für uns da waren, auch lange bevor Ingo den Schlaganfall erlitten hatte.

Widmung

Ich widme dieses Buch meinem Vater Fredy Schmitz, der nur sieben Monate, nachdem Ingo der Schlag traf, selbst einen Schlaganfall erlitten hat, an dessen Folgen er verstarb.

Anmerkung

Aus datenschutzrechtlichen Gründen habe ich alle Namen geändert.

Inhaltsverzeichnis

Kapitel 1: Unser Leben bis zu dem Tag, als uns der Schlag traf

Ich lebe mit meinem Mann Ingo und unserem Sohn Tom in Wuppertal.

Bis zum 04.07.2017, als uns ein schwerer Schicksalsschlag traf, führten wir ein sehr geregeltes Leben.

Ingo und ich sind schon eine Ewigkeit zusammen. Um genau zu sein seit dem 02.12.1981.

Wir haben uns in der Schule kennengelernt und sind, bis auf eine einmonatige Unterbrechung Mitte des Jahres 1982, ein Paar. Wir besuchten in der Schule viele Kurse gemeinsam und bestanden 1985 beide unser Abitur.

Ingo absolvierte im Anschluss daran seinen Wehrdienst, während ich Lehramt für die Primarstufe studierte.

Nach dem Wehrdienst machte Ingo zunächst einmal eine kaufmännische Lehre und schrieb sich danach für den Studiengang Sicherheitstechnik ein.

Nach zwei Semestern, die er mehr in der Cafeteria als im Hörsaal verbrachte, entschied er, sich in der Firma seines Stiefvaters, der mit der Beschichtung von Werkzeugen selbstständig war, anstellen zu lassen.

Da diese Firma nach kurzer Zeit Konkurs anmelden musste, blieb Ingo in dieser Branche und machte sich nun seinerseits selbstständig.

Seitdem ist er im Handel tätig.

Er arbeitet mit einer Schleiferei, einem Beschichtungsbetrieb und einem Instandsetzer zusammen. Außerdem handelt er mit Neuwerkzeugen.

Ingo nimmt die Kundenaufträge entgegen und lässt die Werkzeuge entsprechend der Kundenwünsche bearbeiten.

Als er 1992 beschloss, sich selbstständig zu machen, war ich nicht wirklich begeistert, aber da Ingo ein Mensch ist, der, wenn er sich für etwas entschieden hat, dieses auch konsequent verfolgt, haben sich meine Bedenken recht schnell zerstreut.

Ingo baute sich im Laufe der Jahre einen kleinen Betrieb auf, der ihm bei freier Zeiteinteilung einige Freiheiten ließ.

Anfangs fuhr er regelmäßig nach Leverkusen, weil er in den Räumlichkeiten des Beschichtungsunternehmens ein kleines Büro hatte.

Als wir 1998 ein Dreifamilienhaus kauften, richtete er sich dort sein Büro ein und arbeitete fortan von zu Hause aus.

Somit war es ihm möglich unseren Sohn Tom, der im August 2000 geboren wurde, mit Hilfe einer Tagesmutter zu betreuen, so dass ich weiterhin Vollzeit als Grundschullehrerin tätig sein konnte.

Tom wurde zwar fünf Wochen zu früh geboren, entwickelte sich aber nach seiner Geburt zum Glück ganz normal, so dass ich im Dezember 2000 meinen Dienst wieder aufnehmen konnte.

Die Konstellation, dass Ingo mit unserer Tagesmutter zusammen den Vormittag zu Hause bestritt und ich nachmittags für Tom da war, war für mich optimal.

Ich konnte meinem Beruf, den ich immer schon leidenschaftlich ausübte, weiterhin uneingeschränkt nachgehen.

Da Ingo seine Arbeitszeiten sehr flexibel einteilen konnte, waren wir problemlos in der Lage, uns zeitlich wunderbar zu ergänzen. Auf diese Weise konnten wir beide viel Zeit mit Tom verbringen.

Für mich persönlich fand im Jahr 2014 eine schleichende berufliche Veränderung statt.

Seit 1993, also zu diesem Zeitpunkt seit 21 Jahren, war ich nun schon an der Grundschule Dornenbeck tätig und fühlte mich dort auch richtig wohl. Zu vielen meiner Kolleginnen hatte ich ein freundschaftliches Verhältnis.

Seit 19 Jahren arbeitete ich mit meiner Kollegin Renate harmonisch, effektiv und immer gerne zusammen.

Unsere gemeinsame Laufbahn begann, als aus den beiden Klassen meiner Kollegin Marlene und mir aufgrund der zu hohen Schülerzahl eine dritte Klasse gebildet wurde.

Renate übernahm diese Klasse und als wir dann 1998 wieder zweizügig wurden, konnten wir in den folgenden 16 Jahren parallel arbeiten.

Ingo und ich bekamen 2002 die Möglichkeit, ein Haus zu kaufen, welches zufälligerweise gegenüber dem von Renate steht. Die Tante von Ingos Stiefvater verkaufte und wir konnten zugreifen.

Fortan waren Renate und ich nicht nur in der Schule Nachbarinnen, sondern auch privat.

Als wir 2014 unsere Viertklässler ausschulten und, wie in der Vergangenheit auch, selbstverständlich wieder gemeinsam einschulen wollten, wurden an unserer Schule leider so wenig Schüler angemeldet, dass nur eine Klasse gebildet werden konnte. So bitter es war, Renate und ich mussten uns damit abfinden, dass unsere parallele Zusammenarbeit mit Ablauf dieses Schuljahres nicht weiter fortgesetzt werden würde.

In der Grundschule Dornenbeck wurde also nur eine Klasse eingeschult und somit rechnerisch eine Lehrkraft frei, so dass 21 Stunden an eine andere Schule abgegeben werden mussten.

Da ich ein viertes Schuljahr abgegeben hatte, erklärte ich mich bereit, mich abordnen zu lassen.

Es bot mir einerseits die Möglichkeit, nicht die Klassenführung eines anderen Jahrgangs übernehmen zu müssen und damit unwiederbringlich von Renate getrennt zu werden, andererseits konnte ich nach 19 Jahren Schulzugehörigkeit in ein anderes System hineinschnuppern und meinen Horizont diesbezüglich erweitern.

Renate und ich waren sowieso beide fest davon überzeugt, dass im Laufe des Schuljahres so viele Schüler dazustoßen werden, dass das 1. Schuljahr geteilt werden müsse und ich dann, wenn meine Abordnung endet, eine Hälfte der Klasse übernehmen könne und sie die andere.

Der Plan war gut, aber leider ging er nicht auf. Es sollte ganz anders kommen.

2014 war das Jahr, in dem Deutschland viele Flüchtlinge aufnahm, die natürlich auch beschult werden mussten.

Für diese Kinder wurden Seiteneinsteigerklassen eingerichtet.

Als ich mich in der Schule Rotthauser Höhe, in die ich abgeordnet wurde, vorstellte, fragte mich der Schulleiter, ob ich mir vorstellen könne, eine Seiteneinsteigerklasse zu übernehmen bzw. aufzubauen. Na, klar! Das konnte ich mir sehr gut vorstellen, da mir die Arbeit mit Kindern, die einen Migrationshintergrund haben, von meiner bisherigen Schule vertraut war.

Gesagt, getan. Mit meiner Kollegin Martina, die ursprünglich Realschullehrerin war, leitete ich diese Klasse und wir ergänzten uns prima.

Ich machte in der Schule Rotthauser Höhe die für mich wichtige Erfahrung, dass ich mich in ein anderes Kollegium integrieren und mich dort auch wohlfühlen konnte.

Nach nur kurzer Zeit fragte mich der Schulleiter, ob ich mir vorstellen könne, ganz in sein Kollegium zu wechseln. Diese Frage beantwortete ich selbstverständlich sofort mit einem klaren „Nein", da mein Kollegium an der Dornenbeck für mich sehr wichtig war und ich nicht im Traum daran dachte, diese Schule freiwillig zu verlassen.

Neben Renate hatte ich ein sehr inniges und freundschaftliches Verhältnis zu Ulli und es kam zu diesem Zeitpunkt überhaupt nicht in Frage, einen Wechsel freiwillig in Betracht zu ziehen.

Selbstverständlich war mir klar, dass Renate, Ulli und Marlene, die alle ungefähr 10 Jahre älter sind als ich, natürlich auch 10 Jahre früher in Pension gehen würden, aber bis dahin wollte ich mit diesen drei mir sehr ans Herz gewachsenen Kolleginnen weiterhin zusammenarbeiten.

Bereits nach einem halben Jahr wurde meine Abordnung an der Schule Rotthauser Höhe beendet, da nun auch die Schule Dornenbeck, die ab sofort Flüchtlingskinder in einer Seiteneinsteigerklasse beschulen sollte, wieder eine Lehrkraft benötigte.

An der Grundschule Dornenbeck trat im Sommer 2014 eine neue Schulleiterin, Ida Kerr-Huck, ihren Dienst an.
Ich hatte sie in dem zurückliegenden halben Jahr einmal wöchentlich gesehen, weil ich an einem Tag in der Woche in der Schule Dornenbeck eingesetzt war.
Als ich wieder ganz zurückkehrte, lernte ich Ida Kerr-Huck dann live und in Farbe kennen.
Direkt zu Beginn meiner Rückkehr an die Grundschule Dornenbeck hatte ich ein distanziertes Verhältnis zu Ida Kerr-Huck, da sie in meinen Augen willkürlich agierte und hinter dem Rücken ihrer Kollegen schlecht über andere redete. Die Stimmung im Kollegium änderte sich zunehmend.
Die unbeschwerten Zeiten waren unwiderruflich vorbei.
Da ich an der Schule Rotthauser Höhe die Seiteneinsteiger beschult hatte und die Grundschule Dornenbeck eine solche Klasse einrichten sollte, war ich natürlich prädestiniert,

nun auch an meiner Stammschule in dieser Klasse eingesetzt zu werden.

Außerdem hatte ich keine Klassenführung, so dass es naheliegend war, mir die Klassenleitung für die Seiteneinsteiger zu geben.

Zum Schuljahresende kam es, wie es kommen musste.

Renates Lerngruppe wurde tatsächlich geteilt, weil mittlerweile zu viele Kinder in der Klasse waren.

Aber nicht ich durfte nun wieder Seite an Seite mit Renate die Klasse führen, sondern Renate bekam ein Doppelordinariat.

Ich hatte die Seiteneinsteiger, die auch weiterhin versorgt werden mussten.

Zumindest ließ sich Ida Kerr-Huck darauf ein, dass ich in den Klassen von Renate mit Mathematik eingesetzt wurde. Es war zwar nicht so entspannt wie früher, aber wir beide waren phasenweise wiedervereint, immerhin etwas.

Die unerfreuliche Situation mit unserer Schulleiterin spitzte sich immer mehr zu.

Die unbeschwerte Zeit war schon längst vorbei.

Im Lehrerzimmer hielten wir uns eher selten auf und Teile des Kollegiums suchten Rat beim Personalrat.

Es war schnell klar, dass Renate, Ulli und Marlene auf keinen Fall länger als bis zum Alter von 63 Jahren arbeiten werden.

Sie rechneten sich aus, dass sie 2018 oder 2019 die Schule verlassen werden.

Es handelte sich also um drei bis vier Jahre, die die drei noch im Schuldienst bleiben würden.

Es war selbstverständlich immer schon klar, dass ich 10 Jahre länger arbeiten würde als meine Kolleginnen, aber niemals war die Vorstellung so erdrückend, allein zurückzubleiben, wie zu diesem Zeitpunkt.

In mir reifte ein Entschluss.

Ich musste mich auf jeden Fall auch verändern, denn an der Dornenbeck mit dieser Leitung wollte ich auf keinen Fall bleiben.

Ich bin schon 2013 auf die Möglichkeit gestoßen, als Grundschullehrerin eine berufsbegleitende Ausbildung zur Sonderpädagogin machen zu können.

Diesen Gedanken verwarf ich in dem Moment, als mir klar wurde, dass ich dafür meine Schule verlassen müsse. Zu diesem Zeitpunkt war dies keine Option, da ich mich dort sehr wohl fühlte.

Jetzt allerdings hatte sich die Situation geändert und ich begann mich mit dieser Möglichkeit der Weiterbildung auseinander zu setzen.

Die sogenannte Verordnung zur berufsbegleitenden Ausbildung zum Erwerb des Lehramtes für sonderpädagogische Förderung, kurz VOBASOF, wurde meine neue Bettlektüre.

Ich erfuhr, dass ich bei voller Bezahlung als Grundschullehrerin eine 18monatige Ausbildung zur Sonderpädagogin machen konnte.

Dafür müsste ich mich an einer Schule bewerben, die eine solche VOBASOF-Stelle ausgeschrieben hatte.

16

Einmal in der Woche müsste ich ein Seminar besuchen und würde dafür fünf meiner zu erteilenden Unterrichtsstunden ermäßigt bekommen.

Dies würde bedeuten, dass ich 23 Stunden in der Schule eingesetzt sein würde, an einem Tag ein Seminar besuchen müsse und mit bestandener Staatsprüfung Sonderpädagogin wäre und Anspruch auf die Gehaltsstufe A13 hätte.

Die Vorstellung, wieder ein Referendariat machen zu müssen, war natürlich nicht sehr attraktiv, aber Tom war inzwischen so alt, dass ich mich vor dieser zusätzlichen Belastung nicht scheute und mich mit dieser Thematik weiter auseinandersetzte.

Ganz langsam nahm der Gedanke an die Qualifizierung zur Sonderpädagogin Gestalt an und es reifte in mir der Entschluss, diesen Schritt anzugehen.

Die zuständige Schulrätin, mit der ich Kontakt aufnahm, schlug mir vor, einen Versetzungsantrag an eine Inklusionsschule zu stellen.

Sie erklärte mir, dass die VOBASOF-Stellen dem Schulamt zugeteilt werden und das Schulamt diese Stellen an die entsprechenden Grundschulen verteilen können. Sie sicherte mir zu, eine solche VOBASOF-Stelle an die Schule, an die ich versetzt würde, zu geben, damit ich mich zu gegebener Zeit darauf bewerben könne.

Ich folgte dem Rat der Schulrätin und reichte Ende Januar 2016 bei Ida Kerr-Huck meinen Versetzungsantrag ein.

Dieser wurde bewilligt, so dass ich nach 23 Jahren an der Schule Dornenbeck zum Schuljahr 2016/2017 an die Grundschule nach Holthausen versetzt wurde.

In Holthausen übernahm ich, wie sollte es anders sein, die Seiteneinsteigerklasse.
Auch in diesem Kollegium fühlte ich mich direkt sehr wohl.

Ich ging täglich ins Internet und schaute nach, ob eine VOBASOF-Stelle ausgeschrieben worden ist. Es gab zwar Stellen, aber keine in Wohnortnähe.

Am 24. Dezember 2016, als ich wieder einmal nach einer Stelle im Internet Ausschau hielt, wurden gleich zwei angeboten, die für mich in Frage kamen.
Ich konnte es kaum glauben!
Beide Stellen wurden von einer Förderschule ausgeschrieben.
Viele Förderschulen sind im Laufe der Zeit geschlossen worden und ich hatte eigentlich gar nicht im Blick, dass auch eine Förderschule eine Option sein könnte.
Beide Stellen sprachen mich an, so dass ich nicht lange fackelte und mich darauf bewarb.
Die VOBASOF-Maßnahme war zeitlich begrenzt.
Wenn ich für das kommende Schuljahr keine Stelle finden würde, wäre der Zug für mich komplett abgefahren.

Nachdem ich die Bewerbungen abgeschickt hatte, informierte ich in einem nächsten Schritt meine Schulleiterin in Holthausen.

Ich musste mich auf diese Weise selbst austricksen, weil ich es mir sonst möglicherweise anders überlegt hätte.

Als die Bewerbungen in den beiden Schulen, an denen ich mich beworben hatte, eingegangen waren, meldeten sich die Schulleiterinnen postwendend bei mir und luden mich zu einem Gespräch ein.

Die Schulleiterin Frau Löhrmann, die sich als erste bei mir meldete, bot mir, nachdem ich ein Gespräch mit einer ausgewählten Kommission geführt hatte, die Stelle an.

Ich sagte sofort zu und wurde zum 01.05.2017 an die Förderschule Auf der Eiche versetzt.

Vier Jahre, nachdem ich mich das erste Mal mit der Weiterqualifizierung zur Sonderpädagogin auseinandergesetzt hatte, war es nun soweit. Meine Ausbildung würde im neuen Schuljahr beginnen.

Kapitel 2: Der Tag, an dem sich alles veränderte

Ich war nun schon seit zwei Monaten an der Förderschule Auf der Eiche und fühlte mich auch dort sehr wohl.

Einige Kinder, mit denen ich es zu tun hatte, zeigten neben ihrer Lernbeeinträchtigung auch sehr auffälliges Verhalten.

Da ich viele Jahre an der Dornenbeck Kinder aus schwierigen Familienverhältnissen unterrichtet hatte, konnte mich das alles gar nicht so schockieren. Ich war Klassengrößen von bis zu 30 Kindern gewohnt und auch in diesen Klassen gab es verhaltensauffällige Schüler.

An der Förderschule Auf der Eiche war die Klasse meiner Mentorin Melina schwieriger als die von Sabine, aber gut, so war es eben.

Ich ging nach wie vor gerne in die Schule.

Nicht so gerne hatte und habe ich Konferenzen, die in meiner Schule immer montags stattfinden.

Am 03.07.2017 kam ich nach der Konferenz gegen 16.30 Uhr nach Hause.

Ingo hatte sich entgegen seiner Gewohnheit ins Bett gelegt und erzählte mir, dass er schon den ganzen Tag Kopfschmerzen habe.

Er sagte, dass er morgens Laufen gewesen sei. Danach sei er zu einem Kunden gefahren.

Da er Kopfschmerzen hatte, hat er sich nachher hingelegt, konnte aber nicht schlafen.

Ich riet ihm, eine Thomapyrin intensiv, die mir bei Kopfschmerzen immer super hilft, zu nehmen.

Da Ingo ein folgsamer Ehemann ist, hörte er auf meinen Rat und nahm die Tablette.

Am nächsten Morgen, es war Dienstag, der 04.07.2017, machte ich mich wie immer früh auf den Weg in die Schule.

Vorher weckte ich Ingo und fragte ihn, was seine Kopfschmerzen machen und er antwortete mir, es sei jetzt alles okay.

Ich meinte noch zu ihm: „Na, super, dafür habe ich jetzt leichte Kopfschmerzen", verabschiedete mich von ihm und fuhr in die Schule.

In der Schule koppelte ich für den Musikunterricht eine Musikbox mit meinem Handy über Bluetooth.

Es war Pause, als ich ein lautes Tuten hörte, aber ich setzte in diesem Moment noch nicht um, dass an meinem Handy ein Anruf einging.

Kurze Zeit später nahm ich das gleiche Geräusch wieder wahr.

Meine Kollegin, die mit mir zusammen in der Klasse unterrichtete, verbrachte ihre Pause im Lehrerzimmer.

Als sie zurückkam, sprach ich sie darauf an, dass ihr Handy geklingelt habe.

Sie schaute auf ihr Telefon und meinte zu mir, dass bei ihr kein Anruf eingegangen sei.

Da mir dies nun doch sehr komisch erschien, schaute ich auf mein Handy und sah, dass Tom mir eine Nachricht hinterlassen hatte.

Er schrieb, ich solle ihn dringend anrufen. Es sei wichtig.

Dies tat ich dann auch.

Tom erzählte mir, dass Ingo gerade ins Krankenhaus gebracht werde. Tom saß zur Zeit unseres Telefonates im Auto und wurde von

Herrn Pentsch, unserem Mitarbeiter, der immer dienstags und donnerstags kommt, zur Schule gebracht.

Kurz sprach ich auch mit Herrn Pentsch, der mir erzählte, dass er Ingo im Flur liegend gefunden habe.

Er teilte mir mit, dass der Rettungswagen Ingo nun ins Helios Krankenhaus fahren werde.

Als ich meiner Kollegin erzählte, was sich zugetragen hatte, sagte sie zu mir, ich solle Herrn Jedan, den Standortleiter der Schule, aufsuchen, ihm erzählen was passiert sei, und dann nach Hause fahren.

Da meine Kollegin und ich doppelt in der Klasse eingesetzt waren und ich somit tatsächlich vertreten werden konnte, machte ich mich auf den Weg zu Herrn Jedans Büro.

Leider war er außer Haus, so dass ich nicht mit ihm persönlich sprechen konnte.

Meine Kollegin Sabine, die ich daraufhin in ihrer Klasse aufsuchte, weil ich dort noch die 5. Stunde zu geben hatte, bestärkte mich darin, nach Hause zu fahren. Es sei in Ordnung so. Herr Jedan würde genauso entscheiden.

Mit einem sehr schlechten Gewissen ließ ich mich dann darauf ein und verließ die Schule, um ins Krankenhaus zu fahren.

Dort angekommen, machte ich mich auf die Suche nach Ingo.

Ich erwartete, dass ich ihn antreffen werde und ich hoffte, dass er nur einen Schwächeanfall hatte, der nicht so schlimm war.

Aber Ingo war unauffindbar.

Das Helios jedenfalls hatte ihn nicht aufgenommen.

Also blieb mir nichts anderes übrig, als zunächst einmal nach Hause zu fahren.

Dort kam ich gegen 12.00 Uhr an und wusste mir zunächst einmal keinen Rat.

Ich konnte nichts anderes tun, als verschiedene Krankenhäuser anzurufen.

Tatsächlich wurde ich im Bethesda Krankenhaus fündig.

Irgendjemand versprach mir, dass sich zu einem späteren Zeitpunkt ein Arzt mit mir in Verbindung setzen würde.

Natürlich rief ich sofort bei meinen Eltern an.

Ich habe ein sehr gutes Verhältnis zu ihnen und telefoniere mindestens einmal pro Tag mit meiner Mutter.

Ich erzählte meiner Mutter, was ich wusste und sie war natürlich auch vollkommen schockiert.

Das Telefonat musste ich recht schnell beenden, weil ich ja auf den Anruf aus dem Krankenhaus wartete.

In der Rückschau weiß ich nicht mehr genau, in welcher Reihenfolge was passierte.

Irgendwann kam der Anruf aus dem Krankenhaus.

Ich erfuhr, dass Ingo einen schweren Schlaganfall erlitten hatte und im OP sei. „Sein Zustand ist kritisch.", sagte die Ärztin, mit der ich telefonierte. „Kritisch?", fragte ich. In dem Moment verstand ich nicht, was mir die Ärztin damit sagen wollte. Sie antwortete auf meine nicht gerade intelligente Frage: „Kritisch heißt, dass er es vielleicht nicht überlebt."

Das konnte doch alles nicht wahr sein!

Ingo, der vielleicht stirbt? Das überstieg meine Vorstellungskraft.

Ingo war immer der Fels in der Brandung. Ihn brachte so schnell nichts aus der Ruhe und nun stand es kritisch um ihn?

Irgendwann kam Tom aus der Schule zurück.

Tom war, als Ingo den Schlaganfall erlitt, zu Hause, weil er zu einem späteren Zeitpunkt in die Schule gehen musste.

Er bemerkte von dem, was zu Hause geschah, zunächst einmal nichts, weil er in seinem Zimmer Musik hörte.

Irgendwann nahm er Geräusche im Treppenhaus wahr und ging nach unten.

Dort bekam er noch mit, wie Ingo in den Rettungswagen gebracht wurde. Auf seine Frage, wie es seinem Vater gehe, antwortete der Notarzt, dass er stabil sei.

Dass Ingo einen Schlaganfall erlitten hatte, muss in diesem Zusammenhang auch gefallen sein, denn Tom erzählte dieses in der Schule einem Mitschüler.

Tom war genauso wie ich in Sorge um Ingo und wollte alles, was ich in Erfahrung gebracht hatte, wissen.

Da ich selbst nichts wusste, drehten wir uns im Kreis.

Es war ein schrecklicher Moment, als wir die Reste des Notfalleinsatzes, die noch am Treppenabsatz lagen, beseitigten.

Besonders schlimm war, Ingos Lieblingsjacke, die zerschnitten inmitten der aufgerissenen

Verpackungen des Notfalleinsatzes lag, zu entsorgen.

Zwischenzeitlich kam auch Herr Pentsch von seiner Tour zurück.

Wir rekonstruierten noch einmal gemeinsam die Abläufe am Morgen.

Auf Ingos Schreibtisch lag eine ausgedruckte E-Mail, die von dem Absender um 7.40 Uhr versandt wurde.

Herr Pentsch kam an diesem Morgen wie immer gegen 9.30 Uhr und betrat das Büro durch die bereits geöffnete Garagentür. Er nahm schon einmal Platz und wartete.

Da es öfter vorkam, dass Ingo spät dran war, war die Situation nicht ungewöhnlich.

Nach einer Weile nahm Herr Pentsch Geräusche wahr und ging ihnen nach.

Er fand Ingo auf dem Boden liegend am Treppenabsatz zum Untergeschoss und verständigte den Rettungsdienst.

In unserer Rekonstruktion konnten wir nicht genau festlegen, wie lang Ingo dort schon gelegen hatte.

Ich vermute, dass er auf dem Weg vom Büro zurück in die Wohnung zusammengebrochen war, so dass es bis zu 2 Stunden her sein konnte.

Meine Hoffnung war, dass Ingo erst kurz, bevor Herr Pentsch kam, runter gegangen war, aber ich schätze auch heute noch, dass der Zeitraum zwischen 8.30 und 9.00 Uhr lag.

Herr Pentsch bot an, die Tour ins Sauerland, die Ingo am nächsten Tag fahren wollte, zu übernehmen.

Das war für mich eine Riesenerleichterung, weil ich die Kunden nicht anrufen und meinen Mann entschuldigen musste.

Ich rief unseren Freund Georg, der bei einem Telekommunikationsunternehmen tätig ist, an und bat ihn, unsere Büronummer aufs Handy umzuschalten.

Georg leitete alles in die Wege, so dass dieses innerhalb kürzester Zeit erledigt war.

So war gewährleistet, dass Kundengespräche auf Herrn Pentschs Handy ankamen.

Herr Pentsch und ich einigten uns darauf, dass er offen mit den Kunden über die aktuelle Situation sprechen solle.

Es ging an diesem Nachmittag turbulent weiter.

Renate erfuhr nach der Rückkehr aus der Schule von ihrem Bruder, dass Ingo mit einem Rettungswagen ins Krankenhaus gebracht wurde.

Renates Bruder besuchte an diesem Tag seinen Vater, der mit Renate in einem Haus lebt und bekam den Einsatz hautnah mit.

Sie schellte sofort, nachdem sie es erfahren hatte, bei uns an und ich erzählte ihr, was geschehen war.

Tom rief irgendwann in dieser Zeit bei Ingos Mutter Erika an, weil er ihr mitteilen wollte, dass ihr Sohn im Krankenhaus liegt.

Sie nahm nicht ab, rief aber, als sie wieder zu Hause war, zurück, denn anhand der Nummer konnte sie sehen, dass wir angerufen hatten.

Als das Telefon schellte und ich ihre Nummer sah, wunderte ich mich, dass meine

Schwiegermutter anrief, aber Tom sagte mir, dass er zuvor ihre Nummer gewählt hatte.

Es half alles nichts.

Irgendwann an diesem Tag musste ich es ihr ja sagen, also ging ich ans Telefon.

Ich erzählte ihr das Wenige, was ich wusste und sie war natürlich vollkommen schockiert.

Da ich nicht wollte, dass sie mit dieser Nachricht nun allein zu Hause sitzt, rief ich eine Nachbarin von Erika, die ich auch gut kenne, an und bat sie, sich um meine Schwiegermutter zu kümmern.

Mehr konnte ich in dem Moment nicht für sie tun, so leid es mir tat.

Ich rief ebenfalls meinen Schwiegervater Volkmar an und erzählte ihm, was passiert war.

Natürlich war auch er vollkommen von den Socken, denn damit hatte niemand gerechnet.

Es musste so viel erledigt werden und das am besten alles gleichzeitig.

Die Schule musste informiert werden, dass ich nicht kommen konnte und ich benötigte ein Attest vom Arzt.

Wichtig war, einen kühlen Kopf zu bewahren, um erst einmal die allernötigsten Dinge zu erledigen.

Von einem Krankenhausarzt, der mich anrief, erfuhr ich, dass Ingos linke Halsschlagader zu war und auch noch nicht ganz geöffnet werden konnte.

Er teilte mir mit, dass Ingo ins künstliche Koma versetzt wurde und nun auf der Intensivstation lag.

Tom und ich durften abends dort hinfahren und ihn sehen.

Es war alles so unwirklich!
Da lag Ingo, angeschlossen an Maschinen in seinem Bett und reagierte nicht auf unsere Ansprache.

Kapitel 3: Der Tag nach dem Schlaganfall

Am nächsten Morgen wachte ich nach einer unruhigen Nacht gegen 3.00 Uhr auf und rief zunächst einmal im Krankenhaus an.

Eine Schwester hatte mir am Abend zuvor die Telefonnummer der Intensivstation gegeben und mir gesagt, dass ich telefonisch jederzeit eine Auskunft über den Gesundheitszustand meines Mannes bekommen könne.

Die Information, die ich erhielt, brachte mir keine neuen Erkenntnisse.

Ingos Zustand war unverändert.

Ich ging in sein Büro, das sich im Untergeschoss unseres Hauses befindet und schaute mich dort um.

Es herrschte, wie gewohnt eine unglaubliche Ordnung.

Ingo und ich hatten seit Jahren, also seitdem wir eine Lebensgemeinschaft eingegangen sind, eine klare Arbeitsteilung bezüglich der lästigen Büroarbeiten, die anfielen.

Er kümmert sich um alles und ich mich um nichts.

In meinen Augen lief das ganz prima.

So bekam ich beispielsweise meine Post häufig noch nicht einmal zu Gesicht.

Wenn beispielsweise Arztrechnungen bei der Beihilfe eingereicht werden mussten, wusste ich noch nicht einmal davon.

Es erledigte sich alles wie von Zauberhand von selbst.

Obwohl ich seit 27 Jahren beihilfeberechtigt bin und seitdem meine Arztrechnungen bei der

Krankenversicherung und der Beihilfe einreichen muss, um sie bezahlt zu bekommen, habe ich dieses bislang noch nicht einmal selbst gemacht. Natürlich habe ich auch noch nie Rechnungen online bezahlt.

Ich legte Ingo immer das, was bezahlt werden musste, auf seinen Schreibtisch und mein Privatsekretär, wie ich ihn häufig liebevoll nannte, erledigte es schon.

Darauf konnte ich mich immer verlassen.

Ich schaute mich um und durchblätterte zunächst einmal die offenen Rechnungen, die bezahlt werden mussten.

Ich suchte die Zugangsdaten der Commerzbank, fand sie aber nicht.

Es beruhigte mich ein wenig, dass wir vor nicht allzu langer Zeit die Bank gewechselt hatten und Ingo mir für alles Vollmachten erteilt hatte.

Somit war ich mir sicher, dass ich früher oder später Zugang zu der Bank haben werde.

Ich setzte mich an den Computer und schrieb eine E-mail an Freunde und Bekannte, um sie über die Situation zu informieren.

Gegen 7.00 Uhr rief ich Herrn Riese von der Werkzeugschleiferei Riese an, mit dem Ingo schon seit vielen Jahren zusammenarbeitet.

Ich selbst kannte Herrn Riese zwar, aber häufig habe ich ihn nicht gesehen. Es kam schon mal vor, dass Ingo und ich, wenn wir unterwegs waren, Werkzeuge von der Firma Riese abholten, aber dieses war recht selten der Fall.

Da Herr Pentsch am Tag zuvor Werkzeuge abgeholt hatte, wusste Herr Riese bereits, was passiert war.

Nachdem wir uns über Ingos Gesundheitszustand ausgetauscht hatten, sprach ich ihn auf das Geschäftliche an.

Hierzu muss man wissen, dass Ingo und ich immer sehr unkompliziert und direkt miteinander umgegangen sind und das Ganze gepaart mit einer großen Portion Humor und auch Realismus.

Bei einem unserer Gespräche sagte ich einmal zu Ingo, er solle es bloß nicht wagen, mich irgendwann mit dem ganzen Kram (ich drückte es damals noch drastischer aus) allein zu lassen.

Wörtlich sagte ich: „Ich hole dich dann persönlich aus der Kiste, bis du alles geregelt hast."

Diese Worte sind tatsächlich gefallen.

Daraufhin meinte Ingo, dass ich mich, wenn wirklich mal etwas passieren sollte, an Herrn Riese wenden solle, weil er ihm zu hundert Prozent vertraue.

Nun war das passiert, womit wir eigentlich nie gerechnet hatten.

Ingo war handlungsunfähig und ich musste sehen, dass es irgendwie weiterging.

In dieser Situation fragte ich Herrn Riese, ob er bereit wäre, unsere Kunden zu übernehmen.

Ich sah mich nicht imstande, die Firma zu führen.

Dazu hatte ich weder Zeit, da ich einen eigenen Beruf habe, noch die Ahnung.

Überrollt von meiner Frage antwortete er, dass er dieses machen würde.

Irgendwie funktionierte ich.
Ich telefonierte viel an diesem Tag und beantwortete die besorgten Fragen von Verwandten und Bekannten so gut ich konnte.
Aber eigentlich wusste ich auch nichts Näheres.
Ich rief unseren Steuerberater, der in Leverkusen ansässig ist, an und sprach mit der Mitarbeiterin Frau Mahnsun, die für unsere Firma zuständig ist.
Sie erklärte mir, dass einmal monatlich ein sogenannter Pendelordner zwischen uns und dem Steuerberaterbüro von unserem Mitarbeiter nach Leverkusen gebracht wird.
Sie meinte, so wie sie meinen Mann kenne, müsse dieser Ordner eigentlich schon fast bestückt sein, da ja Anfang des Monats sei.
Tatsächlich fand ich den Ordner und es sah so aus, als seien alle nötigen Unterlagen darin enthalten.
Frau Mahnsun gab mir den Rat, nichts in bestehende Ordner einzusortieren, sondern eine ausgelagerte Ablage anzulegen.
Sie gab mir zu bedenken, dass ich wahrscheinlich irgendwann nicht mehr nachvollziehen könne, wo ich was abgeheftet habe.
Wenn ich aber alles, was nun reinkam, in Extraordner abheften würde, könne ich diese Ablage im Zweifel auch wiederfinden.
Dieser Rat erwies sich als sehr wertvoll, denn ich glaube, sonst wäre das Chaos perfekt gewesen.

Ich kaufte 20 Schnellhefter und schaffte mir mein eigenes System.

Immer, wenn ich ratlos im Büro saß und nicht wirklich wusste, wo ich nun ansetzen sollte, erledigte ich das, was mir gerade ins Auge sprang.
Beispielsweise musste unsere geplante Urlaubsreise nach Kroatien, die in drei Wochen stattfinden sollte, abgesagt werden.
Das musste zeitnah geschehen.
Ingos Ende August geplante Reise nach Thassos, oder unsere im Herbst gebuchte Reise nach Valencia mussten ebenso storniert werden.
Das war zwar im Moment nicht das Wichtigste, aber es war egal.
Ich tat etwas, das gemacht werden musste und was dann abgehakt werden konnte.

Tom ging in die Schule und das war gut so.
Als er nach Hause kam, hatte er natürlich reichlich Redebedarf, aber ich konnte mich nicht so um ihn kümmern, wie es wünschenswert gewesen wäre.
Immer kam etwas dazwischen.
Entweder schellte das Telefon, oder es klingelte an der Haustür.

Während ich mich gar nicht im Internet über mögliche Folgen des Schlaganfalls informierte, recherchierte Tom viel und das wiederum verunsicherte ihn.

Ich war froh, dass meine Eltern sich für Samstag ankündigten, denn ihre Anwesenheit würde auch Tom guttun.

Am nächsten Tag sollte ein Nachmittag zum Kennenlernen im Seminar Solingen, dem ich zugeteilt war, stattfinden.
Da meine berufsbegleitende Ausbildung nach den Sommerferien beginnen sollte, wurde den Teilnehmern vor Beginn schon einmal die Möglichkeit gegeben, die anderen Kollegen sowie die Fachleiter kennenzulernen.
Diesen Termin, zu dem ich gerne gegangen wäre, musste ich natürlich absagen.
Es stellte sich für mich ohnehin die Frage, ob ich meinen Plan, diese berufsbegleitende Ausbildung zu absolvieren, überhaupt noch verfolgen konnte.
Dass es sich hierbei um ein Referendariat handelt, das sehr arbeitsintensiv ist, war von vornherein klar.
Aber konnte ich das unter den neuen Bedingungen überhaupt leisten?
Für mich erschwerend kam hinzu, dass ich nun an einer Förderschule war.
Wenn ich die Ausbildung nicht antreten würde, müsste ich die Schule verlassen.
Die Grundschullehrerstelle war mir zwar sicher, aber ich wollte gerne an der Förderschule bleiben, weil es mir dort gut gefiel.
Die Überlegungen zur weiteren Vorgehensweise konnte ich im Moment nicht anstellen.
Es gab jetzt Wichtigeres zu tun.

Ich fuhr ins Krankenhaus, aber die Situation hatte sich nicht geändert.

Ingo reagierte auf keine Ansprache.

Die zuständige Schwester erklärte mir, dass Ingo am Wochenende langsam aus dem künstlichen Koma herausgeholt werde.

Es könne aber dauern, bis er dann richtig wach sein würde.

Erst, wenn er aufgewacht sei, wären die Ärzte in der Lage, die Situation genauer zu beurteilen. Bis dahin könne man nur abwarten.

Eine Ärztin, mit der ich sprach, bestätigte noch einmal, dass es sich um einen schweren Schlaganfall handele und wir mit neurologischen Ausfallerscheinungen rechnen müssen.

„Die Sprache wird auf jeden Fall beeinträchtigt sein.", sagte sie. „Das war überdeutlich im CT zu sehen."

Ich war im luftleeren Raum und konnte nicht abschätzen, was die Zukunft bringen wird.

Kapitel 4: Die Zeit, bis Ingo aus dem künstlichen Koma aufwachte

Nach ungefähr vier Stunden Schlaf wachte ich am nächsten Morgen auf und begab mich ins Büro.

Zunächst einmal rief ich, wie bereits am Tag zuvor, im Krankenhaus an und erkundigte mich nach Ingos Gesundheitszustand.

Die Schwester erzählte, dass er den linken Arm bewegt habe, aber rechts keine Bewegung zu verzeichnen wäre.

Außerdem wurde das Schlafmittel wieder etwas erhöht, weil Ingo sehr unruhig gewesen sei.

Die Situation war unverändert.

Wir konnten nichts anderes machen, als weiterhin abzuwarten.

An diesem Morgen rief ich wieder Herrn Riese an, um mit ihm die weitere Vorgehensweise zu besprechen.

Er sagte mir, dass er über die ganze Sache nachgedacht habe und er zum jetzigen Zeitpunkt, zu dem noch nicht klar sei, wie sich alles weiterentwickeln wird, Ingos Kunden nicht einfach so übernehmen wolle.

Er sagte: „Wir wissen doch noch gar nicht, wie sich Ihr Mann erholt. Stellen Sie sich mal vor, er ist in einem halben Jahr wieder fit und steht vor dem Nichts. Lassen Sie uns darüber nachdenken, ob wir eine andere Lösung finden können."

Er versprach mir, mich nach Kräften zu unterstützen und bot an, dass seine Frau am

Samstag bei uns vorbeikommen könne, um sich unser Computersystem anzuschauen. „Vielleicht", meinte er, „können wir den Computer in unser Büro stellen und meine Frau kann die Rechnungen von unserem Standort aus schreiben."
Ich war überwältigt! Das war so nett!
Herr und Frau Riese wollten mich, weil sie Ingo als Mensch sehr schätzen, unterstützen.
Auch Herr Pentsch bot mir an, Ingos Aufgaben, soweit es ihm möglich war, zu übernehmen, damit es zunächst einmal irgendwie weiter ging. Da wir keinen Einblick in das Computersystem hatten, schrieb Herr Pentsch ab sofort die Lieferscheine per Hand. Das war zwar ausgesprochen lästig, aber es ging.

Um alle Freunde und Bekannte über den aktuellen Gesundheitszustand zu informieren, legte ich einen Verteiler an und schrieb ab sofort täglich eine E-Mail, in der ich alle zur gleichen Zeit auf denselben Stand bringen konnte. Das war sehr praktisch.
Dass ich da nicht eher darauf gekommen bin!

Als ich wieder einmal meinen Blick durch das Büro schweifen ließ, stach mir der Techem Ordner ins Auge.
Ach du meine Güte!
Die jährliche Nebenkostenabrechnung für das Dreifamilienhaus musste gemacht werden und ich hatte keinen Schimmer, wie das ging.

Zum Glück war Ingo noch am Montag vor seinem Schlaganfall in Ronsdorf und hatte die Zählerstände abgelesen.

Der Zettel mit den aktuellen Zählerständen lag ganz oben auf dem Techem Ordner.

Puh! Das war schon mal gut.

Beim Durchblättern des Ordners sah ich, dass Ingo die alten Abrechnungen alle fein säuberlich abgeheftet hatte.

Es sollte möglich sein, sich durch die Unterlagen durchzuarbeiten und die Abrechnung hinzukriegen.

Die Vorstellung, mich in diese Thematik auch noch hineinzudenken, überforderte mich maßlos. Von einer Minute auf die andere fasste ich einen Entschluss.

Viele unserer Bekannten haben mir ihre Hilfe angeboten, unter anderem auch Fynn.

Ich musste mir Dinge, die nicht unbedingt von mir erledigt werden mussten, von den Füßen tun, wie man so schön sagt, und angebotene Hilfe annehmen.

Also schrieb ich Fynn eine E-Mail und bat ihn, die Techem Abrechnung zu übernehmen.

Er antwortete mir, dass dies kein Problem sei und dass er sich die Unterlagen am Sonntag bei mir abholen würde.

Das war schon einmal gut. Eine Sorge weniger.

Ich fuhr täglich ins Krankenhaus, aber es gab keine Neuigkeiten.

Ingo schlief, reagierte nicht auf meine Ansprache, bewegte seine rechte Seite nicht und der Aufwachprozess zog sich hin.

Die kritischen drei Tage, von denen die Ärztin am Dienstag sprach, waren Freitag vorbei.
Ingo war über den Berg. Gott sei Dank!

Samstag kamen meine Eltern und das tat richtig gut.
Zum einen hatte Tom nun Ansprechpartner, die jederzeit ein offenes Ohr für ihn hatten und andererseits unterstützten mich meine Eltern im täglichen Leben.
Es gab ab sofort regelmäßige Mahlzeiten, die meine Mutter zubereitete und mein Vater nahm sich des Gartens an.
Zwischendurch tauschten wir uns über die aktuelle Situation aus.
Zu meinen Eltern haben sowohl Ingo als auch ich ein sehr inniges Verhältnis.
Meine Eltern sind sehr unkompliziert, so dass wir uns in unserer flapsigen und unkomplizierten Art, miteinander umzugehen, prima ergänzen.
Ingo ist vom Wesen her ganz anders als mein Vater.
Bei meinem Vater muss alles sofort geschehen und er legt einen blinden Aktivismus an den Tag.
Ingo hingegen ist die Ruhe selbst und hat es nie eilig.
Trotz dieser Gegensätze respektieren und mögen sich die beiden.
Ähnlich ist es mit meiner Mutter.
Meine Eltern und wir verbringen gerne Zeit miteinander.

An diesem Samstag kam auch Frau Riese, um sich unsere Software anzuschauen.

Ich kann gar nicht in Worte fassen, wie dankbar ich war, dass sie sich bereit erklärte, für uns die Rechnungen zu schreiben.

Wir fuhren den Rechner hoch und Frau Riese warf einen Blick darauf.

Ich weiß, dass die aufgespielte Software uralt ist und dass Ingo extra einen ganz einfachen Computer angeschafft hatte, auf dem nur das Auftragsprogramm aufgespielt ist.

Ihm war wichtig, dass sich keine verschiedenen Programme ins Gehege kommen und es somit zu Problemen mit dem Auftragsprogramm kommt. Sollte das Programm mal nicht mehr laufen, müssten wir das gesamte System umstellen, was mit einem erheblichen Aufwand verbunden wäre.

Der eine Blick genügte und Frau Riese winkte ab.

Sie meinte, es sei für sie leichter, unsere Kunden in ihr System einzupflegen, als sich mit dem für sie absolut neuen Programm auseinanderzusetzen.

Frau Riese nahm die Rechnungsordner unserer Kunden, die sie als Grundlage für die Preise benötigte und Briefpapier unserer Firma mit und versicherte mir, dass sie das schon hinkriege.

Trotz dieser schwierigen Situation ging es mir nach Frau Rieses Besuch gut.

Ich war ihr unendlich dankbar.

Mein Vater wollte Ingo unbedingt noch am Samstag im Krankenhaus besuchen, also fuhren wir beide hin.

Es war alles unverändert und Ingo reagierte nicht auf uns.

Typisch für meinen Vater war der Optimismus, den er auch in dieser Situation an den Tag legte. Er war fest davon überzeugt, dass Ingo bald wach werden würde und alles halb so schlimm sei.

Am Dienstag, dem 11.07.17, also genau eine Woche nachdem uns der Schlaganfall aus heiterem Himmel traf, war es soweit.

Ingo wachte langsam auf.

Tom und ich fuhren ins Krankenhaus und Ingo erkannte uns.

Wir waren so euphorisch und insbesondere ich machte Faxen an seinem Bett, auf die er auch mit einem etwas genervten Gesichtsausdruck reagierte.

Diese Art der Reaktion, die mir sehr vertraut ist, zeigte mir, dass er alles mitbekam und uns erkannte.

Das sah nicht nach einer geistigen Beeinträchtigung aus.

Ich konnte, zumindest ein bisschen, aufatmen.

Kapitel 5: Der Krankenhausaufenthalt

Es wurde Zeit, sich Gedanken darüber zu machen, wie es nach dem Krankenhausaufenthalt weitergehen würde.

Mit Hilfe des Sozialdienstes kümmerte ich mich um eine Reha.

Es war gar nicht so einfach, einen Platz zu bekommen.

Da ich von vielen Seiten hörte, dass es ganz wichtig sei, so früh wie möglich mit der Reha zu beginnen, weil man dann die bestmöglichen Erfolge erzielen könne, setzte ich Himmel und Hölle in Bewegung, um dieses auch durchzusetzen.

Im Nachhinein weiß ich, dass diese Panik, die ich verbreitete, vollkommen überflüssig war, denn auch in der Einrichtung, in die Ingo dann schlussendlich gekommen war, hat er im Durchschnitt zweimal täglich eine ca. 30 Minuten dauernde Therapie bekommen.

So naiv und unwissend wie ich war, dachte ich, dass er den ganzen Tag Anwendungen haben und richtig im Stress sein würde.

Fairerweise möchte ich aber auch dazu sagen, dass meine Vorstellung gar nicht umsetzbar gewesen wäre und Ingo mehrere Therapien wahrscheinlich nicht hätte durchstehen können.

Ich nahm zu dieser Zeit jedenfalls täglich Kontakt zum Sozialdienst auf und gab erst Ruhe, als ich zwei Wochen später einen Platz in Hattingen, 35 km von unserem Wohnort entfernt, ergattert hatte.

Nachdem Ingo aufgewacht war, kam er auf die Überwachungsstation.

Nun musste ich mich nicht mehr anmelden, wenn ich ihn besuchen wollte, sondern ich konnte direkt zu ihm gehen.

Es dauerte nur einen weiteren Tag und er wechselte auf die normale Station.

Ingo war komplett rechtsseitig gelähmt. Er konnte weder gehen noch den Arm bewegen.

Als ich am ersten Morgen, nachdem Ingo auf die normale Station verlegt wurde, ins Krankenhaus kam, war er in der Nacht aus dem Bett gefallen, obwohl an beiden Seiten seines Bettes ein Gitter aufgestellt war.

Da er links voll bewegungsfähig war und rechts überhaupt nicht, hat er es wohl irgendwie geschafft, sich heraus zu robben und fiel auf den Boden.

Zum Glück hatte er als Folge des Sturzes nur ein blaues Auge und Prellungen an Armen und Beinen davongetragen. Ansonsten war nichts passiert.

Mit den Ärzten einigten wir uns darauf, Ingo in den Folgenächten am Bett zu fixieren, damit dies nicht noch einmal passieren konnte.

Die Ausmaße des Schlaganfalls waren überdeutlich zu spüren.

Ingo konnte gar nicht sprechen.

Die ersten Worte, die er sagte, waren „Augen auf", „Doppelhaus" und „finanziell".

Ich wurde nicht müde ihm zu erklären, dass seine Firma weiterlief und er sich keine Sorgen machen solle.

Ich erzählte ihm von Herrn Pentsch, der Vollzeit eingesprungen war und alles nur erdenklich Mögliche tat, um den Laden irgendwie am Laufen zu halten.

Ebenso schwärmte ich von Herrn und Frau Riese, die uns nach Kräften unterstützten.

Ich konnte das Wort „finanziell" nicht deuten und war der Meinung, er mache sich um unsere finanzielle Situation Sorgen, aber heute weiß ich, dass „finanziell" ein Wort für alles war.

Aus welchem Grund er ausgerechnet diese Worte sagte, weiß ich nicht, aber die drei Begriffe, die er verwendete, standen für alles, was er irgendwie versuchte auszudrücken und nicht für das, was sie aussagten.

In den ersten Tagen war Ingo häufig sauer und äußerst genervt, wenn wir ihn nicht verstanden. Ich glaube, ihm war anfangs nicht klar, dass die Kommunikationsstörung von ihm aus ging.

Es dauerte eine Weile, bis er merkte, dass nicht wir einfach nur begriffsstutzig waren, sondern dass man ihn schlichtweg nicht verstehen konnte.

Nach ein paar Tagen verschwanden die Worte „finanziell", „Doppelhaus" und „Augen auf!" und Ingo verwendete häufig den Begriff „die Aufgabe". Mehr Worte konnte er nicht sagen.

20 Tage verbrachte Ingo insgesamt im Krankenhaus.

Mein Schwiegervater Volkmar und ich wechselten uns ab, Ingo bei den Mahlzeiten zu unterstützen. Meistens war ich frühmorgens und abends da, während Volkmar beim Mittagessen assistierte.

Eine Logopädin kam täglich, um mit Ingo erste Sprachübungen durchzuführen.

Bei einer dieser Sitzungen saß ich dabei und bekam mit, dass Ingo die Gegenstände „Tasse", „Teller" und „Löffel" nicht benennen konnte.

Er war zwar in der Lage, sie nachzusprechen, aber sobald er sie aus dem Gedächtnis sagen sollte, fielen ihm die Worte nicht ein.

Wir übten diese Begriffe ein ganzes Wochenende lang, aber Ingo wusste die Wörter nach kurzer Zeit nicht mehr.

So verhielt es sich mit allem.

Ingo konnte gar nichts aus dem Gedächtnis benennen.

Immer, wenn er etwas sagen wollte, kamen die Worte „die Aufgabe" oder „finanziell" und das konnte alles bedeuten.

Zu einem späteren Zeitpunkt veränderte sich die Wortwahl und er sagte sehr lange „Die Aufgabe letztendlich allein gelassen." Ich habe keine Ahnung, wie er auf diese Redewendung gekommen ist.

Dieser Satz begleitete uns jedenfalls sehr lange, schätzungsweise ein Jahr und wenn ich ehrlich bin, konnte ich ihn irgendwann auch nicht mehr hören.

Die Kommunikation mit Ingo hatte nun eine komplett andere Qualität.

Ich war zwar sehr froh, dass er nicht mehr im künstlichen Koma lag, weil ich ihm nun Fragen, die ich hatte, stellen konnte. Um aber an Antworten zu kommen, musste ich taktisch clever vorgehen.

Ingo konnte neben den bereits erwähnten Begriffen auch mit „ja" oder „nein" antworten, so dass ich ihm Entscheidungsfragen stellen konnte.

Ich vermisste schon seit längerem den Schlüssel der Stahlkassette, in der Ingo das Geld der Kasse aufbewahrte.

Unser Gespräch verlief dann folgendermaßen: Ich fragte: „Weißt du, wo der Schlüssel der Kassette ist?" Er antwortete mit „Ja."

Dann ging es weiter. „Ist der Schlüssel irgendwo im Büro?"

Als Ingo dieses bejahte fragte ich: „Ist er im ersten oder im zweiten Raum?"

Ingo antwortete: „Im ersten Raum."

Meine nächste Frage lautete: „Ist er im Schrank?"

Diesmal verneinte er.

Also musste ich weiterraten.

„Ist er in der Nähe deines Arbeitsplatzes?"….

Nach einer gefühlten Ewigkeit wusste ich, dass Ingo den Schlüssel in der obersten Schublade des Schreibtisches, auf dem unser Farbdrucker stand, aufbewahrte.

Als ich nach Hause kam, schaute ich sofort im Schreibtisch nach und fand dort auch tatsächlich den Schlüssel.

Ich war zum einen erleichtert, ihn gefunden zu haben, zum anderen zeigte diese „Unterhaltung", dass Ingo geistig auf der Höhe war und sich an diese Einzelheiten erinnern konnte.

Darüber war ich sehr froh, wenngleich es unglaublich viel Zeit kostete, an diese Information überhaupt zu kommen.

Bedürfnisse, die Ingo hatte, konnte er nicht verbalisieren.

Er war darauf angewiesen, dass ich erriet, was er meinte.

Sehr häufig gelang mir dieses auch, aber leider nicht immer.

So musste er damit leben, häufig nicht verstanden zu werden.

Kapitel 6: Die Zeit während der Reha Teil 1

Am 24.07.2017 wurde Ingo mit einem Krankentransport in die Reha nach Hattingen gebracht.

Dort teilte er sich ein Zimmer mit Stanislav, der auch aufgrund eines Schlaganfalls behandelt wurde.

Zwischen dem Gesundheitszustand von Stanislav und dem von Ingo lagen Welten, denn Stanislav konnte sowohl laufen als auch sprechen.

Für Stanislav, der sehr kommunikativ war, war es sicherlich nicht einfach, dass Ingo nicht sprechen konnte und von daher kein adäquater Gesprächspartner war, aber die beiden kamen trotz aller Defizite gut miteinander zurecht.

Da Ingo auf einen Rollstuhl angewiesen war und seinen Arm nicht bewegen konnte, nahm er seine Mahlzeiten nicht im Speisesaal, sondern auf der Station ein. Das war für ihn sicherlich nicht einfach, weil dort Menschen aßen, die vollkommen hilflos waren und zum Teil gefüttert werden mussten, aber Ingo beklagte sich nie darüber.

Von nun an hatte er fast immer von Montag bis Freitag täglich eine halbe Stunde Logopädie und darüber hinaus entweder Physiotherapie, Ergotherapie, oder irgendetwas anderes.

Einmal stand eine Musiktherapie auf dem Programm.

Das fand ich besonders lustig, weil Ingo im Gegensatz zu mir nicht gerne singt.

Ich glaube, wenn ich meine Sprache verlieren würde, könnte man bei mir vielleicht etwas mit Schlagern aus den siebziger Jahren bewirken, weil ich viele der damals gesungenen Lieder rauf und runter schmettern kann.

Ich hätte gerne Mäuschen gespielt, als Ingo in der Musiktherapie war, aber leider war mir das nicht vergönnt.

Er stöhnte nur, als ich ihn darauf ansprach. Jedenfalls stand eine Musiktherapie während seines gesamten Aufenthaltes nie wieder auf seinem Therapieplan.

Ich war sehr enttäuscht, dass Ingo nicht viel häufiger Therapien hatte.

Am Wochenende lief so gut wie gar nichts und die zwei, drei Therapien, die er täglich genoss, empfand ich als zu wenig.

Viele Menschen, mit denen ich sprach, sagten mir, dass das erste Jahr entscheidend sei.

Alles, was innerhalb eines Jahres zurückkommen würde, sei gut und wichtig, denn nach einem Jahr würde sich nicht mehr so viel tun.

Es war zum Verrücktwerden, aber mehr Therapien wurden nicht angeboten.

Da ich ungefähr 35 bis 40 Minuten mit dem Auto nach Hattingen benötigte, besuchte ich ihn jeden Tag.

Meistens machte ich mich gegen 14.00 Uhr auf den Weg und wir verbrachten den ganzen Nachmittag miteinander.

Bei unseren Gesprächen versuchte ich immer herauszukristallisieren, welche Fortschritte Ingo gemacht hatte, aber es ließ sich schwer feststellen.

Das Wort „Scheiße" jedenfalls hatte er vielfältig parat.

Er konnte „Shit", „Fuck", „Mist" und „Kacke" abwechslungsreich verwenden.

Später baute er auch eine sogenannte Alltagssprache ein und es fielen Wörter wie „vielleicht" und „sowieso".

Ansonsten konnte Ingo nichts aus freien Stücken sagen.

Er musste damit leben, dass ich über gezielte Fragen irgendwie herausbekommen musste, was er zum Ausdruck bringen wollte.

Dies war sowohl für mich als auch für ihn sehr anstrengend.

Bei einem meiner Besuche hatten wir eine besonders schwierige Aufgabe zu erledigen.

Seit Jahren schon ist Ingo in einer Fußballtippgemeinschaft.

Fynn, der dieses organisiert, schickte auch eine E-Mail an uns.

Diese löschte ich aber sofort wieder, weil Ingo zu dieser Zeit, als uns die Mail erreichte, im künstlichen Koma lag und an Fußballtipps so gar nicht zu denken war.

Fynn meinte aber bei einem Gespräch, das wir später miteinander führten, dass es sehr schade wäre, wenn Ingo nicht mit tippen würde und sandte mir die E-Mail ein zweites Mal zu.

Bei meinem nächsten Besuch hatte ich nun die Liste der Spiele dabei und ich versuchte, aus Ingo mögliche und passende Fußballergebnisse herauszubekommen.

Das war ein Riesenakt und zog sich über zwei Nachmittage hin.

Zum einen gab es viele Spiele von zumindest mir unbekannten Vereinen, die getippt werden mussten und zum anderen hatte Ingo große Probleme mit den Zahlen.

Er konnte sie nicht richtig den Mengen zuordnen, geschweige denn eindeutig benennen.

Nach einer endlos langen Zeit hatten wir es dann doch endlich geschafft.

Die Fußballergebnisse standen.

Abends gab ich die Ergebnisse, für die Ingo sich entschieden hatte, im Internet ein.

Obwohl ich mich gar nicht für Fußball interessiere freute ich mich in den kommenden Wochen maßlos darüber, dass Ingo tatsächlich über mehrere Spieltage zunächst auf dem ersten Platz war und dann noch recht lange im oberen Drittel mitschwamm.

Der Aufwand hatte sich gelohnt.

Nach ungefähr zehn Tagen in der Reha konnte Ingo plötzlich laufen.

Als ich eines Tages ins Zimmer kam, lief er ein paar Schritte und am nächsten Tag benötigte er den Rollstuhl nicht mehr.

Das war ein enormer Fortschritt, der vieles erleichterte.

Von nun an hielten wir uns nicht mehr auf dem Klinikgelände auf, sondern wir bewegten uns in der Umgebung.

Nur kurze Zeit, nachdem Ingo den Rollstuhl verlassen hatte, wanderten wir bei schönem Wetter in das Örtchen Hattingen, das ungefähr 4 km von der Reha entfernt liegt.

Zuvor sind wir noch in der Umgebung umhergelaufen, so dass wir insgesamt an diesem Tag um die 10 km marschiert waren.

Da ich für mein Leben gerne Eis esse, steuerten wir in Hattingen eine Eisdiele an.

Während ich wie immer ein Spaghettieis nahm, ließ sich Ingo heiße Kirschen mit Waffeln, Eis und Sahne empfehlen.

Als ihm das Gewünschte gebracht wurde, fiel ihm nur noch „Scheiße!" ein.

Er hatte nicht daran gedacht, dass er mit der linken Hand essen musste und dass das Essen von heißen Kirschen mit Waffeln, Sahne und Eis für ihn eine große Herausforderung darstellen würde.

Ich lachte mich schlapp, denn es war zum Piepen zu beobachten, wie Ingo voll konzentriert darum bemüht war zu essen, ohne eine größere Sauerei zu veranstalten.

Seinen rechten Arm bekam er zu diesem Zeitpunkt schon etwas hoch, aber die Hand ließ sich noch nicht steuern.

Die zunächst für drei Wochen bewilligte Reha wurde um weitere drei Wochen verlängert.

In der Firma hatte sich vieles eingependelt.

Herr Pentsch arbeitete viel mehr als zuvor und Frau Riese hatte in mühseliger Kleinarbeit unsere Kunden in ihr System eingepflegt und schrieb für uns die Rechnungen.

Ich bearbeitete die Auszüge, zahlte Rechnungen, und beantwortete nach Rücksprache mit Herrn Pentsch oder Herrn Riese schriftliche Anfragen von Kunden.

Glücklicherweise lief alles weiter.

Es war gut und wichtig, dass die Firma existierte und ich Ingo immer davon erzählen konnte, genauso, wie Herr Riese es bei unserem zweiten Telefonat nach Ingos Schlaganfall vorausgesehen hatte.

Als wäre nicht schon alles schwierig genug gewesen, geschahen außerdem noch Dinge, die einfach unglaublich waren.

Zum Beispiel war Herr Pentsch mit unserem Firmenwagen in Bochum unterwegs, als ihm ein Fahrzeug mit ausländischem (bulgarischem oder rumänischem) Kennzeichen ins Auto fuhr.

Als Herr Pentsch sein Handy aus dem Fahrzeug holen wollte, um die Polizei zu informieren, gab der Fahrer des anderen Wagens Gas und fuhr davon.

Er konnte auch später nicht mehr ausfindig gemacht werden, so dass unsere Vollkaskoversicherung den entstandenen Schaden zahlen musste.

Dies alles erzählte ich Ingo.

Es war gut, dass ich solche Dinge aus Rücksicht auf ihn nicht verschweigen musste.

Er nahm sie genauso gelassen auf, wie er sie auch vor seinem Schlaganfall aufgenommen hätte.

Die Sommerferien neigten sich dem Ende und ich musste mir im Klaren darüber werden, wie es im neuen Schuljahr weitergehen würde.
Realistisch betrachtet gab es nichts zu überlegen.
Die VOBASOF Maßnahme würde mit Ablauf des aktuellen Durchganges auslaufen.
Das bedeutete, ich konnte nicht, auch wenn es mir irgendwie ermöglicht worden wäre, verschieben.
Entweder ich machte es, oder ich ließe es bleiben.
Dieses wiederum war keine Option, also ging ich es an.

Kapitel 7: Wohngemeinschaft mit meinen Eltern

Die Freude war bei uns allen groß, als Ingo mit Ablauf der sechswöchigen Reha nach über acht Wochen endlich nach Hause kam.

Körperlich hatte er Fortschritte gemacht.

Den rechten Arm konnte er fast strecken. Die rechte Faust ließ sich zwar noch nicht schließen, so dass die Hand nicht wirklich zu gebrauchen war, aber im Vergleich zu dem, wie es ein paar Wochen zuvor war, hatte sich der körperliche Zustand schon wesentlich gebessert.

Das große Problem war nach wie vor die Sprache.

So sehr ich auf jeden vermeintlichen Fortschritt lauerte, musste ich mir doch eingestehen, dass man nicht wirklich von Fortschritt sprechen konnte.

Es gab keine Gegenstände, die Ingo aus dem Gedächtnis benennen konnte.

Das Lesen fiel ihm ausgesprochen schwer und schreiben konnte er gar nicht.

Beim Lesen fiel mir auf, dass er einzelne Buchstaben nicht benennen konnte.

Das Wort „Parkplatz" allerdings las er mir bei einem unserer Spaziergänge vor.

Mir war das unerklärlich.

Warum konnte er einzelne Buchstaben nicht benennen, aber ein längeres Wort lesen?

Um Ingo verstehen zu können, musste ich nach wie vor durch geschicktes Fragen herausfinden, was er sagen wollte.

Wenn er zum Beispiel „Die Aufgabe letztendlich allein gelassen" sagte und dabei in eine bestimmte Richtung zeigte, konnte dieses alles bedeuten.

Durch eingrenzende Fragen versuchte ich herauszufiltern, was er meinen könnte.

Diese konnten folgende sein:

„Siehst du irgendetwas am Himmel?

Ist es groß, oder klein?

Ist es ein Lebewesen oder ein Ding?

Wohnt jemand irgendwo da hinten?

Siehst du das, was du meinst, gerade im Moment?" usw.

Auf diese Weise konnte ich häufig herausfinden, was Ingo auszudrücken versuchte, aber leider funktionierte das nicht immer, was für ihn dann ziemlich frustrierend war.

Super war, dass meine Eltern, die in einem kleinen Dorf im Emsland wohnten, für zwei Wochen bei uns einzogen, als Ingo aus der Reha nach Hause kam.

Ich ging zur Schule und da meine Eltern bei uns zu Hause waren, war Ingo nicht allein.

Es kam hinzu, dass Herr Pentsch noch vor dem Schlaganfall mit Ingo vereinbart hatte, dass er im September Urlaub nehmen wollte.

Mein Vater, der schon lange nicht mehr erwerbstätig war und von Ingos Firma überhaupt keine Ahnung hatte, erklärte sich bereit, Herrn Pentsch in seiner Urlaubszeit zu vertreten.

Um sich auf diese für ihn neue Aufgabe vorzubereiten, begleitete er Herrn Pentsch Ende August auf seinen Touren in die Kundschaft, damit er die Kunden schon einmal kennenlernen konnte.

Da mein Vater genau wie ich keine Ahnung von den Werkzeugen hatte, musste er sich in die neue Materie erst einmal einarbeiten. Gemeinsam überstanden wir Herrn Pentschs Urlaubszeit mit Bravour.

Für die Woche ab dem 12. März 2018 hatte Herr Pentsch den nächsten Urlaub eingereicht.

Als mein Vater diesen Termin erfuhr, war für ihn klar, dass er wieder die Vertretung übernehmen würde.

Leider sollte es dazu aber nicht mehr kommen.

Bereits in der Reha in Hattingen wurde angesprochen, dass Ingo nach seiner Entlassung eine dreiwöchige ambulante Reha machen sollte.

Diese sollte zwölf Tage nach seiner Entlassung aus Hattingen beginnen.

Darüber hinaus musste ich mich um die Therapien kümmern, die im Anschluss an die Reha anstanden, nämlich Logopädie, Ergotherapie und Physiotherapie.

Netterweise übernahm meine Mutter die Suche nach einem Logopäden und fand eine Praxis, die auch Hausbesuche machte und Kapazitäten frei hatte.

Am liebsten wäre uns gewesen eine Praxis zu finden, die alles aus einer Hand anbot, also Logopädie, Physiotherapie und Ergotherapie. Für den Fall, dass Ingo später einmal keinen Hausbesuch mehr verschrieben bekommen würde, wäre es für ihn leichter gewesen, nur eine

Praxis aufsuchen zu müssen, um die Termine entsprechend koordinieren zu können.

Die einzige Praxis, die infrage kam, bot aber keine Hausbesuche an, so dass sie zu dem damaligen Zeitpunkt keine Option für uns war.

Frau Dorpmann, Ingos neue Logopädin, konnte es sogar einrichten, noch vor der ambulanten Reha zu kommen, so dass sie Ingo schon einmal kennenlernen konnte.

Da meine Eltern auch im Haus waren, konnten wesentliche Fragen, die Frau Dorpmann hatte, beantwortet werden.

Meine Eltern blieben bis zum Beginn der ambulanten Reha bei uns.

Als sie dann wieder nach Hause fuhren, waren alle Fenster des Hauses geputzt und der Garten auf Vordermann gebracht.

Kapitel 8: Die Zeit während der Reha Teil 2

Mitte September startete die ambulante Reha. Ingo wurde morgens ab 7.00 Uhr abgeholt und gegen 16.30 Uhr wieder zu Hause abgeliefert.

So wie ich es mitbekam, hatte er mindestens drei Anwendungen am Tag.

Außerdem wurde er mit einem Mittagessen versorgt, was ich als sehr entlastend empfand.

Ich hatte schon den Eindruck, dass diese ambulante Reha zumindest genauso viel brachte wie die stationäre, die Ingo nun Gott sei Dank hinter sich gelassen hatte, aber er war nicht ganz so begeistert.

Ich glaube, für Ingo war sehr belastend, dass er nicht wie früher in sein Büro gehen und ganz normal seiner Arbeit nachgehen konnte, sondern den Tag mit Therapien verbringen musste.

Im VOBASOF-Seminar starteten wir mit 15 Personen, von denen die meisten zwischen 30 und 40 Jahre alt waren.

Ich gehörte mit einer weiteren Frau in die Kategorie ü50.

An meinem ersten Tag im Seminar lernte ich auch die Fachleiter Frau Blau und Herrn Jansen kennen.

Frau Blau schloss, als sie mich sah, messerscharf, dass ich wahrscheinlich Frau Schmitz sei und erkundigte sich nach dem Gesundheitszustand meines Mannes.

Sie war sehr interessiert und fragte mich auch in den Folgemonaten zwischendurch immer mal wieder, wie es Ingo gehe.

Sowohl die beiden Fachleiter als auch die anderen „VOBASOFler" machten auf mich einen sympathischen Eindruck.

Auch wenn die beiden Fachleiter sehr nett waren, hatten sie den Auftrag, uns schnellstmöglich alles Wesentliche beizubiegen, so dass es direkt von Beginn der Ausbildung an zur Sache ging.

Ich versuchte mir einzureden, dass es vielleicht auch etwas Gutes habe, diese Ausbildung genau zu diesem Zeitpunkt zu machen.

Klar war, dass auch ohne Ingos Schlaganfall dieses Referendariat mein Leben für 18 Monate massiv beeinträchtigt hätte, denn ich kannte mich. Ich hätte mich auf jeden Fall in die Arbeit gekniet und es nicht locker angehen lassen.

Von daher war immer schon klar, dass diese Zeit so oder so anstrengend geworden wäre.

Von der Lehramtsanwärterin Valerie, die im September 2017 an unserer Schule ihre Prüfung machte, bekam ich viele Unterrichtsentwürfe, die mir als Grundlage für meine eigenen Planungen dienten. Dies war für mich sehr hilfreich und dafür bin ich ihr bis heute dankbar.

In den kommenden Wochen wurde im Seminar besprochen, was beim Schreiben eines Entwurfes zu beachten sei und mein erster Unterrichtsbesuch sollte noch vor den Herbstferien stattfinden.

Die Entwürfe wurden selbstverständlich ganz anders verfasst als vor über 25 Jahren, als ich im Grundschulreferendariat in Dortmund war.

Da ich zur Sonderpädagogin ausgebildet wurde, standen nun die Förderziele der einzelnen Kinder im Fokus.

Darin bestand der Unterschied zur Grundschulpädagogik.

Es gab so viel zu tun!

Ich musste mich nicht nur auf den Unterrichtsbesuch am letzten Schultag vor den Herbstferien vorbereiten, sondern jeder Seminarteilnehmer bekam außerdem ein Thema, zu dem er ein Referat ausarbeiten sollte.

Ich sprach meine Freundin Sarah, die ich schon seit der Schulzeit kenne und die mir auch ihre Hilfe angeboten hatte, an, ob sie mir nicht schon einmal wesentliche Informationen zu meinem mir zugeteilten Thema zusammenstellen könne. Nach ca. drei Tagen bekam ich von ihr eine E-Mail mit meinem fertig ausgearbeiteten Referat im Anhang.

Das war wunderbar, zumal ich dies gar nicht so erwartet hatte.

Der Oktober neigte sich dem Ende zu und ich bekam in der Schule Besuch von der Fachleiterin Frau Blau.

Sie hat einen hohen Anspruch und beriet mich fachlich sehr kompetent.

Die Stunde, die ich gezeigt hatte, enthielt zwar sonderpädagogische Elemente, doch gab mir die Fachleiterin einiges mit auf den Weg, was ich bei meinem nächsten Besuch umsetzen sollte.

Für mich war das Wesentliche, dass mir Frau Blau bescheinigte, einen sehr guten Bezug zu den Schülern und alles gut im Griff zu haben.

Da meiner Meinung nach die zwischenmenschliche Beziehung das Entscheidende in der Schule ist und Frau Blau meine gute Qualifikation als Lehrerin herausstellte, war ich sehr zufrieden. Nichtsdestotrotz würde ich in Zukunft die sonderpädagogischen Aspekte bei meinen Ausführungen noch mehr herausarbeiten und umsetzen müssen.

Ingos Reha wurde noch einmal um drei Wochen verlängert und endete zum Beginn der Herbstferien.
Dass es zu der Verlängerung kam, hatte er meiner Mutter und mir zu verdanken.
Da ich während der Schulzeit schlecht telefonieren kann, übernahm meine Mutter das Telefonat und leitete alles in die Wege.
Ingo war darüber nicht gerade glücklich, aber meine Mutter und ich waren der Meinung, dass diese Verlängerung sehr sinnvoll sei und entschieden dies einfach über seinen Kopf hinweg.
Wir waren uns einig, dass Ingo dort am besten aufgehoben war.
Ingo erfuhr von der Verlängerung in der Reha im „Gespräch" mit einer Ärztin.
Da er sich sprachlich gar nicht äußern konnte und somit auch nicht erzählen konnte, dass er von der Verlängerung durch eine Ärztin erfahren hatte, konnte ich mich doof stellen.
Ich wusste allerdings genau, was er meinte, als er wild gestikulierend „erzählte", denn ich konnte an seinem schelmischen Gesichtsausdruck

erkennen, dass die Ärztin mit ihm gesprochen haben musste.

Als ich ihm dann scheinheilig erzählte, dass die Verlängerung der Reha bewilligt wurde, konnte ich mein Grinsen, als ich ihn darüber informierte, nicht verbergen.

Kapitel 9: Die Zeit bis Weihnachten 2017

Ab November hatte Ingo alle Therapien außer Haus hinter sich gelassen und bekam von nun an zu Hause fünfmal in der Woche Logopädie, zweimal Ergotherapie und zweimal Physiotherapie.

Die Ergotherapeutin, Frau Brentling, widmete sich der Motorik der rechten Hand und ließ darüber hinaus auch sprachliche Übungen einfließen.

Die Sprache veränderte sich zwar, aber es waren Floskeln, die Ingo von sich gab.

Er konnte nach wie vor nichts aus dem Gedächtnis benennen.

Zu dieser Zeit sagte er für alles, was er sagen wollte, den Satz „Die Aufgabe letztendlich allein gelassen."

Ingo ging nun jeden Tag ins Büro und begrüßte Herrn Pentsch.

Herr Pentsch hielt ihn über alles Wichtige auf dem Laufenden, wobei ich mir nicht sicher bin, ob Ingo die Informationen, die er bekam, tatsächlich alle aufnehmen konnte.

Ich hatte mit Ingo zwei Situationen, die mich sehr irritierten.

Bei meinem Auto mussten die Reifen gewechselt werden.

Herr Pentsch hatte dies netterweise für unseren Firmenwagen schon einmal selbst übernommen, so dass wir uns nur meinem Wagen widmen mussten.

Ingo organisierte den Wagenheber und das Radkreuz, wusste dann aber überhaupt nicht, wie er diese Werkzeuge nun benutzen konnte. Es dauerte sehr lange, bis ihm klar war, was er tun musste.

Eine andere Situation war folgende:

Unser Wasserbett war undicht und wir mussten das Wasser herauslassen.

Um es später wieder neu befüllen zu können, benötigten wir einen Wasserschlauch, der auf einer Seite ein Gewinde hatte, das wir an den Wasserhahn der Dusche festschrauben konnten.

Als ich Ingo fragte, ob wir ein solches Gewinde irgendwo haben, verstand er nicht, wovon ich sprach.

Da ich in unserem Werkzeugkeller nicht fündig wurde, fuhr ich in den Baumarkt und besorgte es mir dort.

Als Ingo das Gewinde dann sah, hatte er einen Aha-Effekt und es dämmerte ihm, wonach ich gesucht hatte.

Als wir um die Weihnachtszeit zum Kaffeetrinken bei meiner Schwiegermutter waren, sprach Ingo das erste Wort aus dem Gedächtnis.

Er wollte erzählen, dass er Blumen gegossen hatte.

Irgendwann sprach er das Wort „Blumen" aus und schien selbst erstaunt zu sein, dieses Wort nun gesagt zu haben.

Er fragte: „Blumen?", „Blumen?"

Dann sagte er noch einmal: „Blumen!"

Ich registrierte für mich feierlich, dass es das erste Mal seit über fünf Monaten gewesen war, dass Ingo ein Wort aus dem Gedächtnis gesagt hatte.

Bis dahin ist es ihm auch noch nicht gelungen, unsere Namen oder die Namen unserer beiden Katzen zu reproduzieren.

Bei jeder passenden oder unpassenden Gelegenheit sprach ich die Katzen mit Namen an, aber immer, wenn ich die Namen aus Ingo herauskitzeln wollte, konnte er die Katzen nicht mit Namen benennen.

Bei mir stand kurz vor Weihnachten der nächste Unterrichtsbesuch an.

Diesmal sollte der dritte Fachleiter, mit dem ich es im Seminar zu tun hatte, Herr Castors, kommen.

Es war so aufwändig, diese eine Stunde zu planen.

Jede freie Minute der zurückliegenden acht Wochen, die ich erübrigen konnte, hatte ich mit der Planung dieser einen Unterrichtsstunde verbracht.

Das stand in keiner Relation!

Für mich war es einerseits rausgeschmissene Zeit, denn ich hatte genug Dinge zu tun, die wirklich wichtig waren, andererseits hatte ich keine Wahl.

Ich musste mich, wenn ich mein Referendariat fortsetzen wollte, darauf einlassen und die eine Stunde bis ins letzte Detail planen.

Das Planen an sich war noch nicht einmal das Schlimmste, auch wenn es für die eine einzige Unterrichtsstunde komplett überzogen war.

Das Ganze dann auch noch zu Papier zu bringen, war für mich der blanke Horror.

Ich sah darin keinen Sinn und ich hatte vieles zu tun, was viel sinnvoller war.

Auch Herr Castors meldete mir zurück, dass ich einen sehr guten Draht zu den Schülern habe und eine nette Atmosphäre in meiner Klasse herrsche.

Mir reichte diese Aussage vollkommen aus. Dass der Versuch, den ich die Schüler hatte durchführen lassen, nicht ganz so optimal war, war mir ehrlich gesagt nicht so wichtig.

Der zweite Besuch war abgehakt und das war die Hauptsache.

Zur Weihnachtszeit fuhren wir zu meinen Eltern. Die Strecke von 230 km ist Ingo sonst immer selbstverständlich gefahren.

Da er zu dieser Zeit kein Auto fuhr, da die rechte Hand noch längst nicht wieder zu gebrauchen war und er sich darüber hinaus keinesfalls fahrtüchtig fühlte, fuhr ich.

Das wiederum war für alle Beteiligten eine Herausforderung, weil ich ganz anders fahre als Ingo.

Ich habe kein Problem damit, langsam zu fahren. Dazu suche ich mir in der Regel einen LKW aus, hinter dem ich dann auch gerne her zockele. Ingo hingegen macht diese Fahrweise wahnsinnig.

Er versuchte immer, mir zu verstehen zu geben, dass ich überholen solle, aber das wollte ich gar nicht.

Die Worte, die er zu dieser Zeit benutzte, waren: „Die Aufgabe machen" oder „Blöd machen."

„Blöd" wurde ungefähr zu dieser Zeit das Wort für alles, ob er es nun so meinte, oder nicht.

In dem Zusammenhang mit unserer gemeinsamen Autofahrt meinte er tatsächlich auch „blöd".

Er wollte, dass ich zügig links an den anderen Fahrzeugen vorbeifahre.

Häufig sagte er aber auch „blöd" und meinte etwas ganz anderes.

Das war in der Regel sehr missverständlich und wurde von den anderen Personen, die mit ihm sprachen, nicht so verstanden, wie Ingo es meinte.

Das Jahr neigte sich dem Ende zu und Ingos Sprachfähigkeit war mehr als rudimentär.

Man könnte auch sagen, die Sprachfähigkeit war fast gleich null.

Ingo zog sich trotz all dieser Widrigkeiten nicht zurück, sondern suchte die Gesellschaft anderer, auch wenn es für ihn nicht leicht war.

So wollten wir Silvester nicht allein zu Hause verbringen, was mir sonst immer am liebsten war, sondern wir stießen mit vielen, uns zum Teil auch unbekannten Personen auf einer Silvesterparty auf das neue Jahr 2018 an.

Wir hofften auf ein besseres Jahr und ahnten zu diesem Zeitpunkt nicht, was uns noch bevorstand.

Kapitel 10: Die Zeit bis zum 13.02.2018

Das Jahr begann und Ingo trainierte nach wie vor fünf Mal wöchentlich seine Sprache und erhielt zweimal wöchentlich sowohl Physiotherapie als auch Ergotherapie.

Mit der rechten Hand ging es langsam bergauf.

Bei seiner Sprachentwicklung konnte ich allerdings keine großartigen Fortschritte beobachten.

Es war sehr schwierig für Ingo, sich auszudrücken.

Ich war häufig in der Lage zu verstehen, was er meinte, aber für Personen, die nicht so oft mit ihm zusammen waren, war es fast nicht möglich, aus den Fragmenten, die Ingo sagen konnte, einen Sinn zu entnehmen.

Vor den Weihnachtsferien, also gleich nach meinem letzten Unterrichtsbesuch machte ich mir bereits Gedanken um meinen nächsten Besuch und entschied mich für das Thema „Frühblüher". Noch im Dezember fing ich an, den für den 15. Februar vereinbarten Termin mit Herrn Castors vorzubereiten.

Parallel dazu verrichtete ich nach wie vor die anfallenden Büroarbeiten.

Da ich immer schon morgens früh aufstand, schaffte ich bereits eine Menge noch vor Schulbeginn.

Mit meiner Mutter telefonierte ich täglich.

So erfuhr ich, dass mein Vater einen Termin bei einem ihm unbekannten Arzt wahrnehmen würde.

Mein Vater hatte es über Jahre strikt abgelehnt, eine Arztpraxis aufzusuchen.

Er hatte schon vor Jahrzehnten für sich beschlossen, nach Möglichkeit den Ärzten aus dem Weg zu gehen.

Da er sehr starker Raucher war, hatte er sicherlich auch Angst, dass bei ihm Lungenkrebs oder etwas ähnliches diagnostiziert werden könnte.

2011 ging es ihm einmal so schlecht, dass er für sich keine andere Möglichkeit sah, als Dr. Neumann, einen Arzt, der im Nachbarort ansässig war, aufzusuchen.

Erstaunlicherweise kam er mit Dr. Neumann gut zurecht. Offensichtlich halfen die verschriebenen Medikamente und nach kurzer Zeit ging es meinem Vater besser.

Bei der Untersuchung, die Dr. Neumann damals durchführte, stellte er fest, dass mein Vater einen zu hohen Blutdruck hatte. Also verschrieb er ihm blutdrucksenkende Medikamente.

Als meine Mutter, wie so oft in den zurückliegenden Monaten und Jahren, ein Rezept für meinen Vater abholen wollte, sagte man ihr, dass mein Vater mal wieder persönlich vorstellig werden sollte.

Mein Vater sah dies zwar nicht ein, begab sich aber zu der Praxis.

Genau weiß ich nicht, was er sagte, aber offensichtlich stellte er, so wie es seine Art war, flapsig fest, dass der ganze Aufwand der Untersuchung doch wohl nicht nötig sei.

Über diese Äußerung meines Vaters muss sich Dr. Neumann so sehr geärgert haben, dass er ihm empfahl einen anderen Arzt aufzusuchen. Er könne nicht immer nur Rezepte ausstellen und den Patienten nie sehen, meinte er.

Meinem Vater war schon klar, dass er nicht ohne blutdrucksenkende Mittel leben sollte und so vereinbarte er einen Termin für den 13.02.2018 bei Dr. Jensen, damit er weiterhin das Rezept für die blutdrucksenkenden Mittel bekam.

Natürlich machte sich Dr. Jensen zunächst einmal ein Bild von dem Gesundheitszustand meines Vaters und untersuchte ihn gründlich. Soweit schien alles in Ordnung.

Nun mussten nur noch die Blutergebnisse abgewartet werden.

Mit einer Überweisung zum Urologen und einem Rezept für blutdrucksenkende Medikamente verließ mein Vater dann die Praxis.

Nachmittags spielten meine Eltern mit anderen Dorfbewohnern Karten und mein Vater erzählte meiner Mutter später, als sie wieder zu Hause waren, dass er sehr unkonzentriert gewesen sei und viele Fehler gemacht habe. Darüber habe er sich sehr geärgert.

Meine Mutter und ich telefonierten gegen 17.45 Uhr miteinander und ich erkundigte mich nach den Ergebnissen des Arztbesuches.

Sie erzählte mir das, was sie wusste und auch, dass mein Vater den ganzen Tag schon sehr unruhig sei.

Wir beendeten unser Telefonat nach ca. 15 Minuten, da sie meinem Vater noch etwas zu essen zubereiten wollte und um 18.50 Uhr zum Sport gehen würde.

Kurz bevor sie gehen wollte hörte sie draußen ein Rumpeln, dachte aber, dass das Geräusch von den Nachbarn kam.

Zum Verabschieden ging sie auf die Terrasse, auf der mein Vater häufig rauchte.

Dort fand sie meinen Vater, der stöhnend auf dem Boden lag.

Sie alarmierte den Rettungswagen und rief danach den Nachbarn Bent an, der sofort herüberkam.

Er half meiner Mutter dabei, meinem Vater eine Decke und Kissen unterzulegen, da er auf dem kalten Terrassenboden lag.

Es dauerte mindestens 20 Minuten, bis der Rettungswagen endlich kam. Offensichtlich hatte der Fahrer nicht den direkten Weg genommen, sondern fuhr einen Umweg, denn er kam aus der falschen Richtung.

Die beiden Sanitäter, die meinen Vater zuerst sahen, wussten ohne weitere Untersuchung, dass mein Vater einen Schlaganfall erlitten hatte.

Er wurde sofort in den Rettungswagen gebracht und es vergingen abermals 20 Minuten, bis sich der Notarzt und die Rettungssanitäter mit meinem Vater auf den Weg ins Krankenhaus machten.

Bent, der groß gewachsen ist, konnte in den Rettungswagen hineinschauen und sehen, dass Wiederbelebungsmaßnahmen durchgeführt wurden.

In der Zwischenzeit rief meine Mutter bei mir an. An ihrer Stimme hörte ich sofort, dass etwas nicht stimmte.

Sie sagte mir bei diesem Telefonat, dass mein Vater wahrscheinlich einen Schlaganfall hatte.

Ich konnte es nicht fassen!

Ingo, der neben mir auf der Couch saß, bekam die alarmierende Situation direkt mit.

Er war vollkommen neben der Spur.

Das Schlimme war, dass er sich sprachlich nicht äußern und somit seine Gefühle nicht verbalisieren konnte.

Ich versuchte ruhig zu bleiben, denn wir konnten im Moment gar nichts tun, außer abzuwarten.

Meine Mutter erzählte mir später, dass sie nicht im Rettungswagen mitfahren durfte.

Bent bot ihr sofort an, sie mit seinem Privatwagen ins Krankenhaus zu fahren.

Der Krankenwagen fuhr nicht, wie man es erwarten würde, schnell, sondern sehr langsam, offensichtlich, weil die Reanimation weiterhin durchgeführt wurde.

Im Krankenhaus angekommen bekam meine Mutter noch mit, dass die Wiederbelebungsmaßnahmen weiterhin fortgesetzt wurden.

Es dauerte nicht lange, bis ein Arzt auf sie zukam und ihr mitteilte, dass mein Vater verstorben war.

Kapitel 11: Mein Vater

Das konnte nicht sein!
Mein Vater sollte tot sein?
Das war schlichtweg unmöglich!

Mein Vater, den wir seit vielen Jahren „Brummpa" nannten, war ein sehr humorvoller Mann.
Den Namen „Brummpa" hatte er sich eigentlich selbst gegeben.
Vor vielen Jahren sah er einmal den Film „Mr. Hobbs macht Ferien."
In dem Film geht es um einen Mann, der seine Kinder und Enkel zwar über alles liebt, aber am meisten aus der Entfernung.
Mein Vater hat sich in diesem Mann, der von seiner Familie „Brummpa" genannt wurde, wiedererkannt.
Als mein Vater sich über irgendetwas, das Tom vor vielen Jahren einmal gemacht hat, ärgerte und grummelig war, entstand diese Namensgebung.
Immer, wenn wir über meinen Vater sprachen, sprachen wir von „Brummpa".

Außerdem war mein Vater ein sehr bescheidener Mensch.
Unnötige Geldausgaben kamen für ihn nicht in Frage.
Das Einzige, das wirklich teuer war und wofür er bereitwillig Geld ausgab, war sein Zigarettenkonsum.

Er rauchte seit seinem 14. Lebensjahr und in den letzten Jahren ungefähr 3 bis 4 Schachteln pro Tag.
Uns allen war klar, dass dieses nicht gesund sein konnte, aber an Aufhören war nicht zu denken.

Meinen Vater zeichnete seine sehr direkte Art aus.
Vor nicht allzu langer Zeit sprachen wir über den Tod und unsere Bestattungswünsche.
Er äußerte, dass es ihm „scheißegal" sei, was nach seinem Tod mit ihm passieren würde.
„Ihr könnt mich", so sagte er in einem Gespräch mit uns wörtlich, „irgendwo verscharren. Ich will auch keinen dabeihaben."
Meine Mutter hingegen hatte diesbezüglich eine gänzlich andere Auffassung.
Sie meinte, dass es ihr wichtig sei, eine Stelle zu haben, wo sie hingehen könne, falls mein Vater vor ihr sterben würde.
Er lenkte ein, winkte in seiner für ihn typischen Art ab und sagte: „Macht mit mir, was ihr wollt."
Solche Themen wurden bei uns immer genau auf die Art und Weise, wie ich es gerade erzählt habe, besprochen.

Somit war die Bestattungsfrage trotz des Schocks, unter dem wir alle standen, recht schnell geklärt.
Mein Vater sollte verbrannt werden und auf einem Friedhof in der Heimatstadt meiner Mutter bestattet werden.

Ihr war damals schon klar, dass sie ihre Zelte in dem Dorf, in dem sie lebte, abbrechen und dorthin umziehen würde.

Die Beerdigung sollte, so wie mein Vater es gewollt hätte, so klein wie möglich gehalten werden.

Außerdem war uns wichtig, dass mein Vater eine pflegeleichte Ruhestätte bekommen würde, weil das in seinem Sinne gewesen wäre.

Glücklicherweise hatte mein Bruder gerade Urlaub und fuhr mit seiner Frau zu meiner Mutter, so dass sie nicht ganz allein war. Mit ihrer Hilfe bereitete meine Mutter die Beerdigung vor.

Irgendwie musste ich meinen Unterrichtsbesuch über die Bühne kriegen, der auf den 01.03.2018 verschoben wurde.

Da ich über zwei Monate das Thema „Frühblüher" vorbereitet hatte, musste ich, egal wie die private Situation zu Hause nun war, diese Stunde durchziehen, da zu einem späteren Zeitpunkt das Thema nicht mehr aktuell und die ganze Arbeit umsonst gewesen wäre.

Somit absolvierte ich Anfang März den Unterrichtsbesuch, den ich trotz aller widriger Umstände auch ganz gut über die Bühne brachte.

Es war eine schreckliche Zeit!

Für uns alle war es furchtbar, dass mein Vater so plötzlich ausgerechnet an einem Schlaganfall gestorben war.

Meine Mutter nahm Kontakt zu Dr. Jensen auf, der meinen Vater an seinem Todestag noch behandelte und fragte ihn, ob er irgendetwas herausgefunden habe, was diesen plötzlichen Tod erklären konnte.

Aber Dr. Jensen sagte ihr, dass er mit meinem Vater einen Patienten vor sich hatte, der für sein Alter einen guten Gesundheitszustand aufwies. Auch anhand der Blutwerte, die mittlerweile vorlagen, konnten keine Hinweise auf eine Erkrankung festgestellt werden.

Meine Mutter hätte eine Obduktion durchführen lassen können, die Aufschluss über die genaue Todesursache gegeben hätte, aber was wäre für uns der Nutzen gewesen?

Mein Vater wäre dadurch nicht wieder lebendig geworden.

Makaber ist, dass mein Vater an dem Tag, an dem er starb, noch beim Arzt war.

Es ist genau das eingetroffen, was er immer sagte: „Wenn du dich einmal in die Hände eines Arztes begibst, wirst du krank."

In seinem Fall war es sogar noch schlimmer.

Die Beerdigung fand am 12.03.2018, also an dem Tag, an dem Herr Pentsch Urlaub hatte und an dem mein Vater seine Vertretung übernehmen wollte, statt.

Kapitel 12: Die Beerdigung

Zur Beerdigung fuhr ich mit Tom mit dem Zug, weil ich an diesem Tag auf keinen Fall Auto fahren wollte.

Ingo ließen wir zu Hause.

Ich war mit meiner Mutter übereingekommen, dass dies für alle das Beste war.

Für uns, die wir immer noch in Schockstarre waren und den Tag der Beerdigung hinter uns bringen mussten, wäre es noch schwerer geworden, wenn Ingo, der sich sprachlich nicht äußern konnte und sehr unter dem Verlust meines Vaters litt, untröstlich gewesen wäre.

Ingo war, glaube ich, auch dankbar, dass er sich die Beerdigungszeremonie nicht antun musste und meinem Vater wäre das sowieso egal gewesen.

Anwesend waren von der Familie nur meine Mutter, eine Schwester meiner Mutter, mein Bruder und seine Frau, Tom und ich. Darüber hinaus nahmen noch zwei befreundete Paare sowie der Nachbar Bent mit seiner Frau an der Beerdigung teil.

Wir nahmen auf Wunsch meiner Mutter, die alles im Sinne meines Vaters arrangiert hatte, erst gar nicht in der Kapelle Platz, sondern warteten draußen auf den Pfarrer.

Dieser richtete ein paar Worte an uns und dann gingen wir zur Urnenbeisetzung.

Der Ablauf war zum einen im Sinne meines Vaters und zum anderen konnten auch wir gut damit leben.

Ich habe mir von meiner Mutter, die ich an diesem Tag erst auf dem Friedhof traf, die letzte Zigarette meines Vaters, die sie halb aufgeraucht im Aschenbecher gefunden hatte, mitbringen lassen.

Mein Vater und ich hatten schon seit langem, wenn Ingo und ich zu Besuch waren, bezüglich des abendlichen Weines ein Ritual, das wir über viele Jahre pflegten.

Mein Vater trank eine Billigplörre für 1,19 Euro pro eineinhalb Liter aus dem Lidl, den er sich mit Wasser verdünnte, da er nicht gerne Wasser pur trank.

Ingo und meine Mutter weigerten sich, diesen Weinverschnitt zu trinken.

Ich hingegen „bettelte" jedes Mal, wenn ich zu Besuch war, meinen Vater an, ob er mir von diesem „guten Tropfen" ein Glas abgeben könne und er hat dieses jedes Mal „schweren Herzens" getan.

Von diesem „edlen Tropfen" stand sowohl ein Anbruch im Kühlschrank sowie auch mehrere Pakete im Vorratsschrank, die meine Mutter mir später alle vermachte.

Am Tag der Beerdigung brachte sie mir neben der letzten Zigarette auch ein Marmeladengläschen gefüllt mit dem Weinverschnitt mit.

Bevor der Pfarrer die Worte an uns richtete, trank ich einen Schluck daraus.

Dann teilte ausnahmsweise ich mit meinem Vater den Wein und legte, als die Urne versenkt wurde, das Glas mit dem Wein und die letzte Zigarette mit ins Grab.

Das war gar nicht so einfach.

Das Loch war sehr tief und ich musste mich auf den Boden knien, um die Grabbeilagen unversehrt neben der Urne platzieren zu können.

Da Herr Pentsch in dieser Woche Urlaub hatte, fuhr Herrn und Frau Rieses Tochter unsere Kunden an.

Mit Ingos Hilfe gelang es mir, die Werkzeuge entsprechend vor- und nachzubereiten, so dass wir Herrn Pentsch in dieser Woche würdig vertraten, was eigentlich mein Vater hätte machen wollen.

Kapitel 13: Die Zeit bis zum 1. Jahrestag des Schlaganfalls

Ostern fuhren wir zu meiner Mutter, die mit dem Tod meines Vaters sehr zu kämpfen hatte.
Für sie stand fest, dass sie den Verkauf ihres Hauses angehen würde und eine Wohnung in ihrer Heimatstadt mieten wolle.

Ingos Hand machte winzig kleine Fortschritte.
Er konnte seit Weihnachten eine geschlossene Faust machen und beim Essen das Messer wie eine Forke in die rechte Hand nehmen und damit zwar unbeholfen, aber immerhin, Fleisch irgendwie zerteilen.
Bei der Sprache konnten Außenstehende kaum eine Veränderung wahrnehmen.
Ostern bei meiner Mutter gab es eine Situation, die mir ganz bewusst im Gedächtnis geblieben ist.
Ingo fuchtelte mit den Armen und zeigte auf die Wand, an der ein Bild hing.
Mir war klar, dass er mir sagen wollte, dass das Bild schief hängt.
Ich meinte zu ihm: „Das…" und er sagte das erste Mal seit dem Schlaganfall einen Satz, nämlich „Das Bild hängt schief."
Es reichte in dem Moment, das erste Wort vorzugeben und er konnte einen ganzen Satz bilden.
Mit einzelnen Wörtern funktionierte dieses ebenso. Wenn man ihm den ersten Buchstaben eines Wortes vorgab, konnte er manchmal das Wort, das gemeint war, sagen.

Da Ingo nun mehr Gefühl in der rechten Hand verspürte, unser Firmenwagen ein Automatikfahrzeug war, und er sich fahrtauglich fühlte, suchte er mit mir zusammen eine Fahrschule auf.

Dort vereinbarten wir einen Termin für eine Fahrstunde.

Ingos Ergotherapeutin Frau Brentling gab ihm den Tipp, seine Fahrtauglichkeit von einem Fahrlehrer bescheinigen zu lassen.

Mit Vorlage der Bescheinigung könne er im Falle eines Unfalls oder einer Polizeikontrolle seine Fahrtauglichkeit nachweisen, denn sprachlich war er keinesfalls in der Lage zu erklären, warum er sich nur sehr unzureichend ausdrücken konnte.

Zweimal stieg der Fahrlehrer zu Ingo ins Auto und bescheinigte ihm danach, dass er ohne Bedenken am Straßenverkehr teilnehmen könne.

Fortan fuhr Ingo wieder Auto und das war natürlich ein Riesenschritt.

Die Fahrten zu meiner Mutter übernahm ab sofort er und er fühlte sich von nun an viel sicherer im Auto, da er nun selbst fahren konnte und nicht hilflos meinem Fahrstil ausgesetzt war.

Auch für die Firma fuhr Ingo nach und nach wieder.

Er konnte zwar fast nicht sprechen, aber trotzdem scheute er sich nicht Kunden, die ihm über viele Jahre sehr vertraut waren, aufzusuchen.

Das war absolut super und ich bewundere ihn dafür.

Die Kunden hatten keine Wahl und mussten sich auf Ingos Kauderwelsch einlassen und irgendwie funktionierte es auch.

Auf diese Weise fand er langsam wieder zurück in seine Firma.

Meine Mutter musste ungefähr vier Wochen nach der Beerdigung meines Vaters mit einer weiteren für sie sehr schwierigen und für uns alle unfassbaren Situation zurechtkommen.

Sie bekam einen Anruf von einem zuständigen Mitarbeiter der Friedhofsverwaltung und ihr wurde mitgeteilt, dass ein schlimmer Fehler passiert sei.

Die Grabstätte, in die mein Vater beigesetzt worden war, sei im Besitz einer anderen Familie und mein Vater müsse umgebettet werden.

Das war der Oberhammer!

Wir hatten die Beerdigung hinter uns gebracht und nun sollte das ganze Prozedere erneut ablaufen?

Schlussendlich wurde mein Vater dann von Mitarbeitern der Friedhofsverwaltung in eine andere Grabstätte verlegt und meiner Mutter wurde telefonisch mitgeteilt, dass die Umbettung erfolgt sei.

Schlimm war, dass meine Mutter in dieser Zeit einfach nicht zur Ruhe kam.

Mit den Folgen dieser Maßnahme hat sie noch immer zu kämpfen.

Meine Grabbeilagen schlummern wahrscheinlich noch in der ehemaligen Grabstätte und werden unwiederbringlich verloren sein.

Für mich ist beruhigend, dass meinem Vater dies alles egal gewesen wäre, aber das, was damals geschehen ist, ist auch heute noch für uns alle unfassbar.

Den nächsten Unterrichtsbesuch, zu dem ich Frau Blau eingeladen hatte, fand Anfang Mai statt.

Da ich sehr gut in der Zeit lag, plante ich für Anfang Juli meinen 5. Unterrichtsbesuch.

Jeder abgearbeitete Besuch brachte mich näher an mein Ziel.

Nach wie vor galt die Devise: Augen zu und durch.

An einem Freitag im Juni 2018 fand im Offenen Ganztag meiner Schule ein Fest statt, an dem ich gerne teilnehmen wollte.

Da es für nachmittags angesetzt war, fuhr ich nach Hause und wollte später wieder in die Schule fahren.

Ungefähr eine halbe Stunde, bevor ich losfahren wollte, schellte Renate.

Ich teilte ihr mit, dass ich nur ein bisschen Zeit habe und bat sie hinein.

Ingo briet in der Küche Eier, während wir im Wohnzimmer saßen und uns unterhielten.

Plötzlich kam Ingo ins Wohnzimmer, hielt sich am Kamin fest und rief „Scheiße, scheiße!"

Mehr konnte er nicht herausbringen.

Wir setzten Ingo auf die Couch und versorgten ihn mit Wasser, aber da ich überhaupt nicht abschätzen konnte, was passiert war rief ich den Rettungsdienst an, der Ingo in das Krankenhaus fuhr, in dem er fast ein Jahr zuvor nach dem Schlaganfall aufgenommen wurde.

Zunächst einmal brachte man ihn auf die Überwachungsstation und es wurden viele Untersuchungen durchgeführt.

Einen Tag später wurde er auf die normale Station verlegt. Dort wurde er von der leitenden Stationsschwester sofort wiedererkannt und herzlich begrüßt.

Ingo musste noch drei Tage dort bleiben bis er ohne Befund entlassen werden konnte.

Zum Glück handelte es sich offensichtlich nur um einen kurzen Schwächeanfall.

Anfang Juli jährte sich Ingos Schlaganfall zum ersten Mal.

Kurz zuvor saßen wir auf der Terrasse und Ingo sagte aus freien Stücken das Wort „Rose" und zeigte tatsächlich auf eine Rose.

Die Namen unserer Katzen, die ich nach wie vor bewusst sehr häufig nannte, konnte er auch manchmal sagen, wobei er die beiden Namen nicht immer den richtigen Tieren zuordnete.

Das Wort „Rose" kam plötzlich wieder, denn diesen Begriff hatte ich zuvor nicht in den Mund genommen.

Ich zeigte auf weitere Dinge, die Ingo benennen sollte, was ihm auch gelang, wenn ich den ersten Buchstaben vorgab.

Als ich mit der Hand auf den Boden schlug und wissen wollte was das sei, schwebte mir als Antwort „Boden", „Holz" oder „Terrasse" vor, aber Ingo antwortete: „Bangkirai".

Ich konnte es nicht glauben!

Mit meinem laienhaften Verständnis konnte ich es mir nur so erklären, dass sich irgendetwas im Kopf verknüpft haben müsse.

Mit der Holzart „Bangkirai" haben wir uns beschäftigt, als Ingo vor ca. 15 Jahren die Terrasse gebaut hatte.

Da er mit Sicherheit dieses Wort nicht mit seiner Logopädin geübt hatte, konnte es nur so sein, dass etwas, das früher einmal da war, wieder ausgegraben wurde.

Darüber freute ich mich maßlos, denn es ließ mich hoffen.

Ingos damalige Sprachfähigkeit war mehr als rudimentär.

Erschreckend war es deshalb, weil ich häufig hörte, dass das, was nach einem Jahr nicht wieder da ist, nach dieser Zeit sehr langsam bis gar nicht zurück kommt.

Realistisch betrachtet war Ingos Sprachfähigkeit gleich null.

Er konnte ein paar nichtssagende Füllwörter verwenden, aber einen einfachen Wunsch beispielsweise konnte er nicht halbwegs verständlich formulieren.

Mit Zahlen tat er sich besonders schwer.

Im Laufe der Zeit konnte er zwar Zahlen manchmal benennen, dafür musste er aber bei eins anfangen und hochzählen.

Als Frau Brentling ihn einmal fragte, wie alt er an seinem Geburtstag wird, fing Ingo bei eins an und zählte, woraufhin Frau Brentling nur meinte: „Oh Gott, das kann dauern."
Ich lachte mich kringelig, denn genauso war es.
Bei 53 hörte Ingo auf zu zählen.

Kapitel 14: Die Zeit bis Weihnachten 2018

Die Wochen gingen weiterhin ins Land und es waren kaum Fortschritte zu verzeichnen.
Ingo bekam nach wie vor fünfmal in der Woche Logopädie und zweimal wöchentlich Ergo- und Physiotherapie.

Ein Jahr zuvor musste ich seinen Urlaub, den er auf Thassos verbringen wollte und den er als Gruppenreise mit einigen Bekannten geplant hatte, absagen, aber in diesem Jahr wollte er unbedingt mitfahren.
Da Herr Pentsch alles bestens im Griff hatte, Frau Riese nach wie vor unsere Rechnungen schrieb und ich alle anfallenden Büroarbeiten übernahm, war Ingo der Meinung, dieses Mal nicht nur eine Woche, sondern gleich zwei Wochen fahren zu können.
Mir war nicht ganz wohl dabei, dass er zwei Wochen weg sein würde, aber die Argumente lagen auf seiner Seite.
Zu Hause lief alles, ob er nun da war oder nicht.
Ingo „verklickerte" Herrn Pentsch sein Vorhaben, suchte im Internet alles heraus und ich buchte ihm die Reise.
Beruhigend war, dass auch Georg, Alex und Andy mitfahren würden, so dass ja eigentlich nichts schiefgehen konnte.
Bei der gebuchten Reise verpflichteten sich die Teilnehmer, an bestimmten Tagen in der Küche zu helfen.
An dem Tag, als Ingo mit Küchendienst an der Reihe war, nahm er wie selbstverständlich ein

Messer in die Hand, um irgendetwas zu schneiden und säbelte sich prompt in den Finger, der aufgrund der blutverdünnenden Medikamente, die er nahm, sofort massiv zu bluten anfing.

Als ich Ingo bei einem unserer täglichen Telefonate fragte, wie es ihm ginge, antwortete er: „Alles nicht gut."

Ich bekam zunächst einmal einen riesigen Schrecken.

Durch geschickte Fragestellung und dem Hinweis von Ingo „Finger geschnitten" fand ich heraus, dass er sich beim Gemüseschneiden verletzt hatte, was aber nicht ärztlich behandelt werden musste.

Bei diesem Telefonat hat Ingo das erste Mal zwei Wörter (Finger geschnitten) hintereinander sagen können, die in unmittelbarem Zusammenhang mit dem Geschehenen standen.

Das war wieder eine Veränderung, die ich registrierte.

Als Ingo nach dem Urlaub auf Thassos nach Hause kam, hatte ich den Eindruck, dass er sprachlich kleine Fortschritte gemacht hatte, die aber für Außenstehende kaum ins Gewicht fielen.

Ich brachte meinen 6. Unterrichtsbesuch, den ich in den Sommerferien vorbereitet hatte, hinter mich und begann, mich auf meine Ende Januar anstehende Prüfung vorzubereiten.

Ans Aufhören hatte ich in dem zurückliegenden Jahr nicht einen Moment gedacht.

Im Oktober schaltete Ingo seinen Computer, auf dem das Auftragsprogramm aufgespielt ist, an und druckte zur Freude Herrn Pentschs das erste Mal seit über einem Jahr wieder Lieferscheine aus, so dass Herr Pentsch sie nicht mehr mit der Hand schreiben musste. Plötzlich ging das wieder, was auch immer im Kopf dazu geführt hatte.

Im Dezember schrieb Ingo die eine oder andere Rechnung selbst und zum Ende des Jahres übernahm er das Rechnungswesen wieder komplett.

Kapitel 15: Das Jahr 2019

Am 30.01.2019 stand zunächst einmal meine Prüfung an.

Um mich in Ruhe auf den Prüfungstag einlassen zu können, fragte ich Herrn Jedan und Frau Löhrmann, ob ich in der Nacht zuvor in der Schule schlafen dürfte.

Der Hauptgrund für mein Anliegen war, dass Schnee vorhergesagt war und ich genau wusste, dass ich zu Hause kein Auge zu machen würde, wenn ich nicht die Gewissheit hätte, dass ich morgens problemlos zur Schule kommen würde.

Ich bekam netterweise die Erlaubnis, in der Schule übernachten zu dürfen und bereitete abends schon einmal alles für den großen Tag vor.

Nachdem die Vorbereitungen abgeschlossen waren, zog ich mir die dicke Weichbodenmatte aus der Turnhalle in den Flur vor meinen Klassenraum, kuschelte mich in meinen mitgebrachten Schlafsack und schlief in der Nacht göttlich.

Nachdem ich meinen Prüfungstag erfolgreich hinter mich gebracht hatte, konnte ich das erste Mal nach Ingos Schlaganfall vor über eineinhalb Jahren etwas aufatmen.

Ab sofort würde ich viel mehr Zeit haben.

Ich war heilfroh, dass ich trotz aller widriger Umstände meine berufsbegleitende Ausbildung durchgezogen hatte.

Ingo fuhr mittlerweile wieder zu seinen Kunden ins Sauerland und Herr Pentsch konnte seine Arbeitszeit auf Normalmaß herunterfahren.

Ingo entschied, dass er keine Physiotherapie mehr in Anspruch nehmen wollte und hatte fortan noch fünfmal in der Woche Logopädie und zweimal Ergotherapie.

Er machte all das, was er immer schon gemacht hatte.

Da er mittlerweile zum Linkshänder mutiert war, schraubte er an einem seiner Autos, arbeitete im Garten oder wurschtelte am Haus.

Alles war wieder fast so wie früher, wenn da nicht die massiven sprachlichen Barrieren gewesen wären.

Wenn man uns nicht sprechen hörte, konnte man glauben, wir seien eine ganz normale Familie. Sobald man uns aber zuhörte, war nicht zu leugnen, dass Ingos Sprache leider sehr zu wünschen übrigließ.

Zur Zeit des zweiten Jahrestages seines Schlaganfalls drückte er mit drei bis vier Wörtern eine ganze Geschichte aus. Der Zuhörer war dabei auf seine Fantasie angewiesen, denn er musste sich den Sinn selbst zusammenreimen.

Nicht nur für Ingo, sondern auch für die Menschen, die in seiner unmittelbaren Umgebung versuchten, ihn zu verstehen, war das sehr anstrengend.

Schreiben konnte Ingo gar nicht und auch das Lesen bereitete ihm Probleme.

Zahlen zu benennen war ebenso nach wie vor ein großes Problem und selbst, wenn er die Zahl

„drei" sagen wollte, musste er beginnend bei eins anfangen zu zählen, um über die zwei zur drei zu gelangen.

Mit dem Rechnen an sich hatte er auch damals schon keine Probleme.

Bei Preiskalkulationen konnte er mir immer den zu berechnenden Preis aufschreiben, weil er ihn im Kopf überschlagen konnte.

Kurz vor den Sommerferien kauften wir ein gebrauchtes Auto, mit dem wir in den Urlaub fahren wollten.

Da Ingo dieses Fahrzeug durchchecken lassen wollte, fuhr er, ohne es mit mir abzusprechen in eine Werkstatt und machte der Dame, die im Büro saß, klar, dass das Auto für den anstehenden Urlaub fitgemacht werden müsse.

Ich glaubte zunächst, dass ich Ingo falsch verstand, als er mir dies „erzählte", denn er konnte doch nicht allen Ernstes allein in die Werkstatt gefahren sein und das gemanagt haben.

Aber genauso war es und das bewundere ich bis heute an ihm.

Er geht einfach auf die Menschen zu und redet, auch wenn es für seine Gesprächspartner häufig schwierig ist, sich darauf einzulassen.

Im Sommer holten wir den Urlaub, den wir bereits für 2017 geplant hatten und der aus bekannten Gründen ausfiel, nach, und fuhren mit dem Auto nach Kroatien.

Ingo und Tom wechselten sich mit dem Fahren ab und wir verbrachten wunderbare zehn Tage dort.

Am Ende der Sommerferien stand wieder Thassos für Ingo an, aber dieses Mal sollte seine Reise neun statt 14 Tage dauern.
Da er beim letzten Mal, als er eine Weile von zu Hause fort war, kleinste Fortschritte gemacht hatte, hoffte ich, dass es auch dieses Mal der Fall sein würde.
Ich empfand nach seiner Rückkehr aber eher das Gegenteil.
Vom Gefühl her hatte er Rückschritte gemacht, aber ich weiß nicht so genau, ob das wirklich stimmen kann.

Das Jahr neigte sich dem Ende zu und Ingos Sprachentwicklung stagnierte, zumindest gefühlt.

Kapitel 16: Die Situation heute, drei Jahre, nachdem uns der Schlag traf

Am Anfang des Jahres sprach Ingo ein paar Wörter mehr aus dem Gedächtnis.

Manchmal hatte ich das Gefühl, dass er jetzt anfangen würde zu reden, dass das Eis sozusagen gebrochen sei, aber dann stockte er häufig mitten im Satz und kam nicht weiter.

Anfang des Jahres sagte ich zu ihm: „2020 ist das Jahr der Sprache. Du wirst schon sehen."

Das ist selbstverständlich sehr weit hergeholt, denn uns beiden ist klar, dass sich der Prozess noch sehr, sehr lange hinziehen wird.

Trotzdem ist seit diesem Jahr die Kommunikation etwas einfacher geworden, auch wenn es immer noch sehr schwierig ist. Manchmal geht es gar nicht und manchmal ein bisschen.

Zusammenfassend kann ich sagen, dass Ingo ungefähr drei Jahre nach seinem Schlaganfall zwei oder drei halbwegs zusammenhängende Sätze sprechen kann, die aber mit „alles nicht gut", „da nicht mehr machen", oder „anders fahren" ergänzt werden.

Ich weiß noch, dass ich nach ungefähr einem Jahr, als Ingo noch gar nichts aus dem Gedächtnis sagen konnte und er vollends darauf angewiesen war, dass ich erriet, was er meinte, mich auf den Tag gefreut habe, an dem er mir zumindest ein oder zwei Worte nennen würde und ich dann eine ungefähre Ahnung hätte, was er meint.

Heute kann ich zumindest meistens verstehen, was er sagen möchte und das ist bereits viel wert.

Natürlich hoffen wir, dass sich sprachlich noch einiges bewegen wird, aber ob und wieviel dieses sein wird, kann uns niemand sagen. Wahrscheinlich ist es auch besser so, denn so stirbt die Hoffnung zuletzt, dass sich sprachlich noch einiges verändert.